IMAGES GONE WITH TIME

OBRAZY ODVIATE ČASOM

Photographic Reflections of Slovak Folk Life: 1950-1965

Fotografické reflexie o živote slovenského ľudu
v rokoch 1950-1965

IMAGES
GONE WITH TIME

OBRAZY
ODVIATE ČASOM

Igor Grossmann

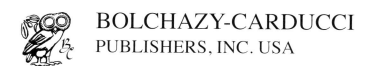

BOLCHAZY-CARDUCCI
PUBLISHERS, INC. USA

FO ART
VYDAVATEĽSTVO, SLOVAKIA

Photographs © 1999 Igor Grossmann
Foreword and introductory poems © 1999 Milan Rúfus
Expert study © 1999 Martin Slivka
Introduction to the chapters and epilogue © 1999 Igor Grossmann
English version © 1999 Heather Trebatická and Bolchazy-Carducci
Publishers, Inc.
Design © 1999 Igor Grossmann

This book was made possible by
the general sponsor DEVÍN BANKA, a.s., Bratislava, Slovak Republic
ĽUDOVÁ BANKA – VOLKSBANK a.s.
The Slovak-American International Cultural Foundation, Inc., U.S.A.
http://www.slovakculture.org

Published by
BOLCHAZY-CARDUCCI PUBLISHERS, Inc.
1000 Brown Street, Unit 101, Wauconda, Illinois 60084, U.S.A.
http://www.bolchazy.com
FO ART Publishers, Bratislava
Slovak Republic

Printed in Slovakia by Slovenská Grafia, a.s.

First edition 2000
ISBN 0-86516-436-3 U.S.A.
ISBN 80-88973-03-1 Slovak Republic

Fotografie © 1999 Igor Grossmann
Predhovor a úvodné básne © 1999 Milan Rúfus
Odborná štúdia © 1999 Martin Slivka
Úvodný text do kapitol a doslov © 1999 Igor Grossmann
Preklad do angličtiny © 1999 Heather Trebatická a Bolchazy-Carducci
Publishers
Grafická úprava © 1999 Igor Grossmann

Vydanie knihy bolo umožnené vďaka sponzorstvu
generálny sponzor DEVÍN BANKA a.s., Bratislava, Slovenská republika
ĽUDOVÁ BANKA – VOLKSBANK a.s.
The Slovak-American International Cultural Foundation, Inc.
http://www.slovakculture.org

Publikáciu vydal
FO ART Bratislava
Slovenská republika
Bolchazy-Carducci Publishers, Inc.
1000 Brown Street, Unit 101, Wauconda, Illinois 60084, U.S.A.
http://www.bolchazy.com

Tlač: Slovenská Grafia, a.s., Bratislava

Prvé vydanie 2000
ISBN 80-88973-03-1 Slovenská republika
ISBN 0-86516-436-3 U.S.A.

Library of Congress Cataloging-in-Publication Data

Grossmann, Igor, 1924-
    Images gone with time = Obrazy odviate časom / Igor Grossmann.
      p. cm.
    ISBN 0-86516-436-3
    1. Ethnology--Slovakia--Pictorial works. 2. Slovakia--Pictorial works. I. Title: Obrazy
odviate časom. II: Title.

    DB2340 .G76 2000
    943.97--dc21

                    99-054336

NEITHER FIRE NOR SWORD WILL PREVAIL

NEC CEDIT IGNI NEC FERRO

NEPODĽAHNE ANI OHŇU ANI MEČU

To my daughter Anička
Venujem mojej dcére Aničke

Home – that too is something simple.

Domov – to je tiež len čosi prosté.

Lord, high, far too high, you have put our table.
Blood we must sweat before we reach it.

Vysoko si nám, Bože, vysoko položil stôl.

Music, you nourished us,
From your melodies we fed.

Dala si nám muzika,
najesť z tvojho uzlíka.

Who will tell beauty
how deep she lies within us?

Kto povie kráse
jak hlboko je v nás?

Bread comes not flying like a bird.
Bread has to be earned.

Chlieb nepriletí ako vták.
Chlebík je treba zaslúžiť.

A memory…
its timid flame grows ever brighter.

Spomienka…
jej plachý plamienok je stále zjavnejší.

All is imprinted on the memory of the Earth.

Všetko sa vrýva do pamäti zeme.

IMAGES GONE WITH TIME

The photographs in this book, these images which have "gone with time", as if blown away by the wind, tell us something about a little country in the heart of Europe. Their artistic value, however, and the thoughts they inspire are of human interest to anyone anywhere who has an open mind.

The photographer, Igor Grossmann, was born in 1924 in the town of Žilina in northwestern Slovakia, as the son of a pharmacist. His home background encouraged him to develop his literary, musical and creative talents. His first artistic achievements could be seen during his secondary school studies, when photography also became one of his hobbies.

In spite of his natural inclination towards the arts, especially literature, he went on to study pharmacy. Family tradition was the deciding factor. In the following political regime, he lost touch with his former hobbies. On graduating he was given a job in the little rural town of Rajec, not far from his home. Here he found himself in a setting where traditional folk culture had not yet vanished, though it was already in its last stages. The combination of the historical and the modern created a special world with emotional power and its own spiritual dimension. Pharmacist Igor Grossmann was acutely aware of this and, with feelings of admiration and respect, he tried to capture its visual likeness in his photographs. Over a number of years he thus recorded whatever caught his eye and aroused his interest. Finally, in 1964, he made a selection to present as his first exhibition, which he entitled "Wood". The photographs showed all aspects of this theme: the forest, the felling of timber and its transportation for industrial processing, as well as its transformation into works of art. The exhibition struck people as something new, a pleasant surprise, and it was soon recognized to be a notable cultural event. On account of his original style, his unusual sphere of interest and above all his moving expression, the author suddenly became a well-known figure in the world of Slovak photography. At first he tried to satisfy the variety of

OBRAZY ODVIATE ČASOM

Na svete sú národy veľké i malé. K tým malým patrí i ten, o ktorom hovoria fotografie našej knihy. Obrazy, ktoré odvial čas, pochádzajú z neveľkej krajiny v strede Európy. Ich umelecké a myšlienkové posolstvo však presahuje úzke hranice regiónu i zeme a prihovára sa všeľudským hlasom každému, kto má srdce otvorené.

Fotograf Igor Grossmann (1924) sa narodil v meste Žilina na severozápadnom Slovensku v rodine lekárnika. Domáce pomery boli prajnou pôdou, na ktorej postupne klíčila literárna, hudobná a výtvarná aktivita nadaného syna. Jeho rôznorodé umelecké prvotiny vznikajú počas stredoškolských štúdií. Patria k nim aj počiatky fotografovania ako mladíckej záľuby.

Napriek spontánnej orientácii na oblasť umenia, najmä literatúry, ide študovať farmáciu. Rozhodla o tom rodinná tradícia. V rokoch socialistického politického zriadenia boli väzby na predchádzajúce záľuby narušené. Pracovné miesto dostáva v neďalekom vidieckom mestečku Rajec. Tu sa ocitá v prostredí, kde dožíva tradičná ľudová kultúra. Táto spájaním historického s prítomným tvorí svojzákonný svet, ktorý má emotívnu silu a vlastný duchovný rozmer. Lekárnik Grossmann ho citlivo vníma a s obdivom i s úctou sa snaží fotograficky zachytiť jeho vizuálne podoby. Dlhé roky zaznamenáva to, čo ho chytilo za srdce, kým z obsiahlej kolekcie vyberie tematický súbor a prezentuje ho r. 1964 na svojej prvej výstave nazvanej „O dreve". Sú to zábery lesa, ťažby, zvozu až po priemyselné a výtvarné spracovanie dreva. Výstava sa stáva kultúrnou udalosťou a milým, objavným prekvapením. Pre vyhranený rukopis, osobitú sféru záujmu a najmä pre svoju emotívnu výpoveď sa autor odrazu stáva osobnosťou v slovenskej fotografii. Rôzne ponuky, od obrazových časopisov až po reklamnú a propagačnú fotografiu, sa snaží uspokojiť popri svojej farmaceutickej profesii. Roku 1966 ju však opúšťa, po krátkom pobyte v rodnej Žiline sa r. 1969 presťahuje do hlavného mesta Slovenska, do Bratislavy a venuje sa výhradne iba fotografii.

offers from picture magazines and advertising agencies while keeping up his pharmaceutical profession. In 1966, however, he finally abandoned it and, after a short period spent in his birthplace, Žilina, he moved in 1969 to Bratislava, the capital of Slovakia, and devoted his attention entirely to photography.

In the period that followed, he extended his field of interest to cover many different themes and photographic techniques. A close study of one particular theme usually led to the creation of a cycle. One such example is *Prváčikovia – First Graders*, a truly fatherly, understanding view of children experiencing school for the first time. He remained loyal to the theme of the village, observing and recording its everyday and festive life as in a documentary film, but he also turned his attention to other hilly regions in Slovakia and one result of this was a collection of photographs, as yet unpublished, portraying the region of Orava.

His trips to Paris provided material for an exhibition and book entitled, *The Everyday Life of Parisians*. Here he developed the style of his work, especially in the field of reporting events that demanded immediate, prompt reactions and the ability to present an effective, dynamic composition. The author's delight in this city emanates from his pictures. We sense his intimate knowledge of it, the intensity of his visual experiences, his spontaneous emotional response, which together produce a convincing atmosphere.

Grossmann took his sophisticated photographic way of looking at things beyond the borders of his own country and brought back a comprehensive picture of the people, landscape and architecture of Romania and Armenia.

Extensive cooperation with illustrated periodicals led to a series of portraits of leading figures in Slovak culture. His impressive background knowledge of literature, music and art provided a basis for personal contact with those he portrayed. Unaffectedness, characteristic gesticulation and facial expression, an apt choice of background, are all typical features of this admirable gallery of public figures.

The photographer's work devoted to the industrial sphere culminated in the book *Metamorfózy skla – Meta-*

V ďalšom období sa jeho tvorba rozpína do mnohých tematických i výrazových oblastí. Hlboký ponor do nich sa mu spravidla rozrastá do cyklov. Takým sú napr. „Prváčikovia", ľudsky chápavý, priam otcovsky prítulný pohľad do života detí pri ich prvom stretnutí so školou. Naďalej ostáva verný aj tematike dediny – dokumentaristicky ju sleduje v dňoch všedných i sviatočných. Svoj záujem rozširuje na ďalšie kraje hornatého Slovenska a jedným z výsledkov je doteraz ešte nevydaný knižný súbor o regióne Orava.

Zo svojich ciest do Paríža zostavuje výstavný a knižný súbor „Všedný deň Parížanov". Rozvinul v ňom štylistiku svojej tvorby najmä v oblasti pohotového reportérstva, bezprostrednej reakcie a účinných dynamických kompozícií. Z obrazov vanie autorovo očarenie týmto mestom, jeho dôverné spoznávanie, intenzita vizuálnych zážitkov, pohotovosť citovej reakcie a presvedčivosť atmosféry.

Grossmannov vytríbený fotografický pohľad prináša ucelené výpovede aj o ľuďoch, krajine, architektúre Rumunska a Arménska.

Z obsiahlej spolupráce s obrazovými periodikami vynikajú portréty popredných osobností slovenskej kultúry. Jeho impozantné vedomostné zázemie z literatúry, hudby, výtvarného umenia je bázou pre osobný kontakt s portrétovanými. Bezprostrednosť, charakteristická gestikulácia a mimika, funkčné zapojenie prostredia sú príznačnými črtami tejto cennej galérie osobností.

Neskoršia autorova práca je venovaná priemyselnej sfére. Vrcholí knihou „Metamorfózy skla" (1988). Na jednej strane je tu fotograficky bravúrne zvládnuté, vizuálne vďačné prostredie sklární. Dokumentaristický prístup približuje pravdivý fortieľ práce a optické čaro, keď žeravá sklovitá magma pod zručnými rukami a citlivým dychom sklárov je pretváraná metamorfózou do krehkých, priezračných, ušľachtilých tvarov. Sú to kreatívne obrazy, kde lom svetla, priezračná hmota, tvarové línie smerujú až k abstrakcii a surrealizmu. Táto dvojpólovosť reality a nadreality tvorí zovretý celok spojený jednotným rukopisom a vyhraneným výtvarným cítením autora.

morphoses of Glass (1988). The visually rewarding setting of the glassworks is brilliantly handled from the photographic point of view. The documentary approach emphasizes the know-how required for this work, as well as the magical optical effect produced when the red-hot liquid glass, thanks to the skilful hands and sensitive breath of the glass blowers, overcomes matter and remoulding allows a fragile, transparent, graceful image to come into existence through a process of metamorphosis. These are creative images, where the refraction of light, the transparency of the material and the lines of the shapes tend towards abstraction and surrealism. These two different aspects – realism and surrealism – are united to form a whole by the consistent style and idiosyncratic artistic feeling of the author.

In theme and means of expression, Igor Grossmann's work is wide-ranging and exceptional. Each stage of development forms a distinct, separate whole. The collection of photographs in this book, *Images Gone with Time* is neither a cross-section nor a summation of his work. Its theme is rural life around Rajec in the period of 1950-1965, as well as in the region of Kysuce and the surroundings of Žilina, Orava, Liptov, the High Tatra mountains and Central Slovakia in the years that followed. It presents a way of life that was and will be no more – which is why these images are "gone with time".

Folk traditions, culture and folklore in particular were an integral part of this past way of life. In order to understand this, we must look back in history. Faced with historical adversity, people regarded folk architecture in a very different way from other neighbouring, free nations. It was an expression of their identity and as such it left a deep impression on the collective ethnic consciousness, as did the church, which was the only public place where, alongside the liturgical language, Slovak could be heard. The original folk culture and its Christian and humanist foundations formed a splendid harmony that gave people hope throughout the centuries, ennobling their spirits and satisfying their souls.

Igor Grossmann arrived on this scene at a time when the village people were putting aside their national costumes and traditional architecture was being replaced by more

Tematické a výrazové rozpätie tvorby Igora Grossmanna je široké a svojho druhu jedinečné. Každý celok i vývojová etapa tvoria uňho autonómnu časť. Prítomný súbor fotografií „Obrazy odviate časom" nie je prierez ani sumarizácia jeho tvorby. Čerpá z obdobia rokov 1950-1965 a jeho témou je vidiecky život v regióne Rajec, v oblasti Kysúc, v okolí Žiliny, Oravy, Liptova, Vysokých Tatier a na strednom Slovensku. Je to život, ktorý bol a už nebude – preto sú to obrazy odviate časom.

Integrálnou súčasťou života, ktorý pominul, bola ľudová tradícia, osobitá kultúra, folklór. Tieto pojmy v súčasnosti evokujú ľúbivý folklorizmus. Pre ich pochopenie treba trochu načrieť do minulosti. V nepriaznivej histórii Slovenska mala ľudová architektúra kvalitatívne iné postavenie ako u okolitých slobodných národov. Spĺňala úlohu identity národa. Bola mu bytostnou podstatou a tým sa hlboko zapísala do kolektívneho vedomia. Takisto aj kostol, jediné verejné miesto, kde popri cirkevnom jazyku znela aj slovenčina, vtlačil do tohto povedomia hlboký reliéf svojho etického univerza. Pôvodná ľudová kultúra a jej kresťanské podložie so svojím humanizmom vytvorili jedinečnú, svojskú harmóniu, ktorá po stáročia dávala nádej, sýtila dušu, ľudsky zušľachťovala.

V čase, keď vidiecky ľud odložil kroj, tradičnú architektúru nahrádzal novodobou, vstúpil do tohto sveta lekárnik a fotograf Igor Grossmann. V medzivojnovom období stretával vidiečanov ešte v kroji a ich osobitosti chápal ako miestny kolorit. No keď sa ocitol uprostred nich, začal spoznávať podstatu dedinského univerza. Čím hlbšie sa ponáral do jeho sveta, tým viac hodnôt vynášal z jeho hlbín na povrch. Toto poznávanie a empatický prístup ako aj okolité vizuálne podnety ponúkali obrazovo vdačné témy, ba priam provokovali k ich fotografickému stvárneniu.

Jednou z Grossmannových tém je krajina. Odkrýva krásu geografických kriviek, ale jeho krajina je predovšetkým poľudštená. Práca celých generácií ju skrášlila úzkymi políčkami. Krajina modelovaná reliéfom ľudskej práce hovorí z jeho obrazov o mýtickej či osudovej väzbe človeka a zeme. Človek pracujúci na poli alebo v lese nie je obrazovou štafážou. Je vrastený do

modern buildings. In the period between the wars he had come across villagers wearing national costumes and had accepted this as local colour. When, however, he found himself living among them, he began to understand the essence of village life. The deeper he submerged himself in this world, the more values he discovered. This empathy and gradual process of understanding, in combination with the visual stimuli around him, offered some very rewarding themes that the photographer could not resist.

One such theme was the landscape. Grossmann's landscapes are not merely designed to show off the beauty of contour, they are above all peopled. The narrow strips of fields that enhance them are the work of whole generations. People toiling in the fields or in the woods are not figures in a pageant; they merge into the landscape as a natural and inseparable part of it; it is their cradle, their nest and their home.

People's lives were determined by the cycle of agricultural work from spring to autumn. This work could never wait. Only when the harvest had been gathered, was there a little time for rest and spiritual activities. This was the time of weddings, customs, rituals and entertainment. The Christmas festivities and Shrovetide merrymaking were very rewarding themes for the photographer. The idea behind the carnival – a world turned upside down – gave free rein to jollity and unrestrained fun-making. The fancy costumes, representing humans, animals or fantasy figures, are of particular interest.

Apart from the facts that were obvious to the eye, tradition had its constant, deep-rooted system of social ties. Here, a person was not an anonymous individual in a crowd. He was an integral part of a close-knit society. In this community the pleasure of the individual was the pleasure of all, pain and sorrow aroused sincere, spontaneous sympathy. Equal respect was paid to all, whether rich or poor, on their last journey. In such a close-knit community everyone had their own human dignity. At the same time, humane and ethical principles created a traditional respect for lawfulness. The photographer, with his intimate knowledge of this world and its inherent laws

krajiny ako jej prirodzená zákonitá súčasť. Naturálne spojenie človeka a zeme evokuje rousseauovskú harmóniu prírody, ľudstva, krásy, šľachetnosti. Keďže krajina je kolískou, hniezdom človeka, vanie z nej neopakovateľný, jedinečný pocit domova.

Pohľad fotografa sa predovšetkým sústreďuje na človeka žijúceho v symbióze s prírodou. Jeho život je determinovaný cyklom poľnohospodárskej práce od jari do jesene. Práca roľníka nepripúšťala odklad a vyžadovala každú pracovnú ruku. Až keď bola úroda zabezpečená, nastal čas relatívneho oddychu a priestor pre duchovné aktivity. Bol to čas svadieb, rozvinutého zvykoslovia, obradov a vitálnej radosti. Vianočné obchôdzky a roztopašné fašiangové sprievody sú pre fotografa veľmi vďačnou témou. Princíp karnevalu – čiže svet obrátený naruby – poskytuje priestor samopaši, vystrájaniu, bezuzdnej hre. Zaujímavé sú tu najmä masky – antropomorfné, zoomorfné a fantaskné.

Okrem faktov, ktorých sa možno bezprostredne vizuálne zmocniť, tradícia mala svoj pevný vnútorný systém sociálnych väzieb. Človek tu nebol anonymným jedincom v dave. Bol živou a osobnou súčasťou pevne zomknutej spoločnosti. V tomto spoločenstve bola radosť jednotlivca radosťou všetkých, bôľ a zármutok vyvolávali úprimnú spontánnu spoluúčasť. Na poslednej ceste vzdali rovnakú česť každému, či bol bedár alebo boháč. V takto zomknutej spoločnosti mal každý svoju ľudskú dôstojnosť. Humánnosť a etické princípy zároveň tvorili tradičnú zákonnosť, ktorá sa implicitne rešpektovala. Fotograf, dôverne poznajúci tento svet i jeho vnútorné zákonitosti a štruktúru, kontextom obrazov zaznamenáva nie iba vonkajškové javy, ale aj vnútorný étos tohto života a vzdáva mu zaslúženú úctu.

Bohatá tematika a obsažná myšlienková výpoveď o nej sa tu prezentuje jednoduchým a prostým fotografickým jazykom. Akiste aj preto, aby tvorila súlad so zobrazovanou realitou. Technika neupozorňuje na seba a z obrazov možno vyčítať, že bola relatívne skromná. Estetizujúce tendencie sa však prejavujú v celej škále fotografických výrazových prostriedkov ako je tonalita, svetlo, kompozícia. Väčšina záberov má široké rozpätie and structure, recorded in his pictures not only its external features, but also the ethos of this life and accorded it the respect it deserved.

The wide-ranging subject matter and comprehensive intellectual expression of it are presented here through simple and unsophisticated photographic means. No doubt one reason being in order that it would be in harmony with the reality it presents. The technology he used, which, as can be seen from the pictures, was relatively unsophisticated, does not draw attention to itself. The aesthetic effect, however, was achieved by a whole range of photographic means, such as the shading, the light, the overall composition. Most of the shots are in a wide range of shades of black, white and grey, which gives them the detailed richness of a painted picture. However, there is also a clear artistic tendency towards a reduction in this range and a certain fondness for a graphic style of photography. This effect was achieved in the laboratory and by copying. After all, we should not forget that the author is an erudite pharmacist and no stranger to laboratory alchemy. Limited tonality gives the summer landscape a balladic air (picture no. 40), emphasizes the dominating aspects of the composition (30), helps to create the atmosphere (39) and so on. In winter scenes the author makes effective use of a narrow range of shades to give his pictures a graphic appearance. However, this tonal reduction is not mechanical, it is creatively selective. Sometimes the shades are only partially reduced in order to allow the grain in the wood to stand out against the white foreground or background (5, 83, 101), at other times the author narrows the tonality to just two shades (thus eliminating the prints in the snow) and achieves an effect of photographic graphism (36, 37, 100). The inclusion of an unarranged figure or happening effectively emphasizes the photographic element in these graphic images (5, 34, 36, 37, 57, 82, 118). The photographic picture is the product of light. Those in this book were produced in natural daylight, whether they were exteriors or interiors (54, 88, 115), with the exception of photograph no. 87 (artificial light) and 88 (flash).

The photographer was very familiar with the landscape,

tonality s výsledkom drobnokresby a sýtosti obrazu. Je tu tiež zjavná výtvarná tendencia redukcie tonálneho rozpätia a istý sklon k fotografickému grafizmu. Tento efekt sa docielil laboratórnym procesom a kopírovaním. Napokon, autor je erudovaný farmaceut a laboratórna alchýmia mu nie je cudzia. Zúžená tonalita dáva letnej krajine baladický nádych (obr. 40), zdôrazňuje kompozičné dominanty (30), spoluvytvára atmosféru témy (39) apod. Grafizmus obrazu dosahovaný výrazným zúžením tonality autor esteticky účinne využíva v zimných motívoch. Tonálna redukcia však nie je mechanická, ale má svoje tvorivé rozpätie. Na jednej strane je iba čiastočne redukovaná, aby zostala kresba štruktúry dreva na bielom popredí a pozadí (5, 83, 101), na strane druhej autor zužuje tonalitu na dva tóny, pričom vylučuje aj kresbu snehu a docieľuje efekt fotografického grafizmu (36, 37, 100). Účinným prostriedkom je na týchto záberoch nearanžovaná postava alebo akčné dianie, ktoré v grafike obrazu zdôrazňujú fenomén fotografickosti (5, 34, 36, 37, 57, 82, 118).

Fotografický obraz je dieťaťom svetla. Na fotografiách tejto knihy pracuje autor s reálnym denným svetlom nielen v exteriéri, ale aj v interiéri (54, 88, 115), až na fotografiu 87 (umelé svetlo) a 88 (flash). Dôverne pozná krajinu, ktorú sníma, preto si vyčká na atmosféru a svetelné pomery napĺňajúce jeho tvorivý zámer. V krajine obľubuje mäkké bočné svetlo, ktoré lahodne modeluje tvary (23, 29, 71) a vytvára priestorovosť. Okrem toho mäkké valéry dávajú krajine odvekú dôstojnosť, harmóniu, pokoj. Zriedkavé protisvetlo zvýrazňuje prácu na poli (65, 79, 80). Lokálne svetlo a jeho výtvarné akcenty využíva autor pre navodenie atmosféry a najmä na lyrizáciu obrazu (3, 29, 40, 41, 74). Dokonca ho vie laboratórnym procesom a kopírovaním efektne, výtvarne funkčne zdôrazniť (107). Spolutvorcom atmosféry je mu hmla alebo opar v krajine a taktiež mraky, ktoré zároveň znásobujú priestorovosť, predlžujú vzdušnú perspektívu (3, 39, 40, 61, 76, 123).

Podobne ako v krajine, aj pri portrétoch ľudí prevláda mäkké rozptýlené svetlo, čo zobrazeným dáva výraz vnútorného pokoja, rovnováhy, dôstojnosti. Tvrdšie svetlo zdôrazňuje tému v jej tvarových obrysoch (11), so he could wait for the atmosphere and light conditions that suited his artistic purpose. For landscapes he preferred soft light from the side, delightfully modelling the outlines (23, 29, 71), adding spaciousness and giving the countryside the dignity, harmony and peace of the ages. On the rare occasions where a shot is taken against the light, it serves to focus on the labour in the fields (65, 79, 80). Close light and its artistic accents are often used to create atmosphere and give the pictures a lyrical air (3, 29, 40, 41, 74). He even knows how to effectively emphasize this for a creative purpose through laboratory processes and copying (107). Mist, haze or clouds add atmosphere, stress spaciousness and distance (3, 39, 40, 61, 76, 123).

Soft, diffused light is also chosen for most of the portraits, as it gives the subject an expression of inner peace, equilibrium and dignity. Brighter light stresses outlines (11), accents effort (75) or brings out the structure of materials (46). Harsh light in portraits of men emphasizes their rough, masculine features, reflecting a hard life (52, 67, 115). When considering the aesthetic function of light, it can produce moving pictures such as those of people lost in thought (31, 33) and especially those taken in the cemetery where faces are lit up in the flames of candles (106, 109). The author's wide-ranging use of light stirs the emotions, but does not draw attention to itself, because it is bound up with its theme and is in harmony with its photographic expression.

Natural light gives a picture an element of reality, truth, authenticity. These attributes are stressed by the way the photograph is taken. So far as the place and angle of the shot are concerned, there is no exhibitionism here. This is how the scene would be viewed by a passer-by, an observer, a participant in the action. Exceptional shots taken from a lower position looking upwards add an air of loftiness (53) or expressiveness (78, 103) or emphasize the artistic element (58, 101, 113). In the pictures of people working, enjoying themselves or resting, it is clear that the photographer is well known to them. But they are not disturbed by him, so they are not tempted to pretend, show off or force a smile. The photograph records life as it is. The consistently documentary approach, with

akcentuje námahu (75) alebo modeluje tvar, dáva vyniknúť hmotám (46). Tvrdé svetlo na mužských portrétoch zdôrazňuje mužnosť a drsnosť tváre, do ktorej sa zapísal neľahký život (52, 67, 115). Z aspektu estetickej funkcie svetla emotívne sú obrazy pohrúženia sa do seba (31, 33) a najmä motívy z cintorína (106, 109), s presnou rovinou svetelných pomerov tvárí a plameňa sviečok, s ich myšlienkovou významovosťou a emocionálnou pôsobivosťou. Klaviatúra svetla, na ktorej hrá tvorca, je emotívna, ale navonok neupozorňuje na seba, lebo je funkčne spätá s témou, tvorí súlad s fotografickým výrazom. Reálne svetlo vtláča obrazom prvok skutočnosti, pravdy, autenticity. Tieto atribúty potvrdzuje aj spôsob snímania. Pokiaľ ide o miesto a uhol snímky, niet tu záberovej exhibície. Sú to pohľady chodca, pozorovateľa, účastníka diania. Tomu zodpovedá aj zorná rovina. Výnimočné pohľady zdôrazňujú prvok monumentalizácie (53), expresivity (78, 103), výtvarnosti (58, 101, 113). Na snímkach ľudí pri práci, zábave, oddychu vidieť, že fotograf je im dobre známy, teda neruší, nedáva podnety k predstieraniu, predvádzaniu sa, či k strojeným falošným úsmevom. Obraz zaznamenáva pravdu života. Presviedča o tom aj spôsob snímania, ktorý je dôsledne dokumentárny, s prvkami reportážnosti. Najrýdzejšie sa reportážne snímanie uplatňuje pri činnostiach ako je zvoz dreva (58, 60, 62), zvoz sena (68, 69) a predovšetkým pri téme fašiangových obchôdzok (84-95). Ani pri týchto témach nejde o reportáž, ktorej cieľom je zhluk náhodných udalostí. Autorovou metódou snímania je cieľavedomý dokumentaristický záznam s pevným tvorivým postojom, ktorý prekračuje povrchovosť, aby odkryl vnútornú významovosť témy. Zámerný výber z predkamerovej reality a využívanie výtvarných činiteľov obrazu posúvajú veristický záznam a mechanickú reprodukciu reality do iných rovín. Reprodukcia sa tvorivým fotografickým procesom mení na umeleckú transformáciu. Obrazy síce zachovávajú predmetnú existenciu, atribúty pravdy života, ale obohatené estetickými zložkami sa stávajú umeleckým artefaktom.

Súbor snímania skutočnosti nachádza svoj výraz i v kompozícii. Z hľadiska geometrie obrazu sa tu kompozičné dominanty opierajú prevažne o zlatý rez elements of photojournalism, convinces us of this. It can be seen in its purest form with such activities as the transporting of timber (58, 60, 62), of hay (68, 69) and in the Shrovetide processions in particular (84-95). Even here, the aim is not simply to record a cluster of chance events. It is a deliberate attempt on the part of the author to provide documentary evidence with a clear creative attitude that goes beyond superficiality, in order to reveal the inner significance of the theme. By deliberately selecting from the actual scene before taking the photograph and making use of the creative possibilities available, the picture becomes more than a mechanical reproduction of reality. It undergoes artistic transformation through the creative photographic process. While retaining their truth to life, these images are enriched with aesthetic elements that make them works of art.

Another significant aspect of this collection of shots recording reality is the composition. From the point of view of the symmetry of the picture, the key compositional features rely mainly on the golden mean or the vertical. On the emotional level, the pictures give the impression of being harmoniously arranged, with an inner coherence, well-balanced so far as the shapes, lines and tonality are concerned. Movement is not over-accentuated. It is a natural part of the action, of manual labour. It becomes an expressive element only in certain images (60, 62, 70, 78), helped by the angle of the shot. The exception to this observation is the Shrovetide sequence. This is frolicsome movement, typical of a carnival, and its dynamics determine the composition of the picture (4, 37, 84-95).

A characteristic feature of the pictures is the emphasis on spaciousness. This is achieved above all by the construction of the image on several planes, with their material and tonal values (2, 3, 5, 8, 13, 28, 29, 41, 78, 79, 122, 123). Further, there is the emotional rhythm of materials. It is produced by the plasticity of the landscape relief, the broken-up areas of narrow fields, or the materials in the architecture, the fences, the vegetation, which create spaciousness through their arrangement (13, 14, 23, 35, 59). Converging lines are an effective way of

alebo zvislicu. V emocionálnej rovine obrazy pôsobia harmonicky usporiadané, vnútorne zomknuté, vyvážené tvarom, líniami, tonalitou. Prevažuje v nich statická symetria. Pohyb nie je príliš akcentovaný. Je prirodzenou súčasťou diania, práce. Expresívny je iba v niektorých obrazoch (60, 62, 70, 78), podporený aj uhlom snímania. Výnimkou je sekvencia fašiangov. Je to pohyb samopašný, karnevalový a jeho dynamika určuje aj obrazovú kompozíciu (4, 37, 84-95).

Príznačnou črtou obrazov je dôraz na priestorovosť. Je to predovšetkým výstavba obrazu v niekoľkých plánoch s ich hmotami i tonálnymi hodnotami (2, 3, 5, 8, 13, 28, 29, 41, 78, 79, 122, 123). Ďalej je to emotívny rytmus hmôt. Tvorí ho tvárnosť krajinného reliéfu, členené plochy úzkych políčok či hmoty architektúry, plotov, vegetácie, ktoré svojím usporiadaním vytvárajú priestorovosť (13, 14, 23, 35, 59). Účinným prostriedkom tretej dimenzie sú zbiehajúce sa línie (12, 17) alebo pohyb v optickej osi (15, 37, 58, 61).

Zaujímavým na týchto obrazoch je vzťah hmoty zeme a oblohy. Prevaha oblohy robí fotografický obraz ľahkým, vzdušným. Ak prevažuje hmota zeme, horizont s kúskom oblohy je nad hornou polovicou obrazu. Tento opakujúci sa princíp s výrazným ťažiskom zeme nevyvoláva pocit ťažoby, lebo zem je zobrazená ako prívetivá, láskavá, poznačená robotným dotykom ľudských rúk. Jej prevažujúca hmota zdôrazňuje, že je lonom života, chlebodarcom. Existencia človeka v nej vyvoláva intímny synovský vzťah k matke – živiteľke.

Typický pre autorov rukopis je výrazný prvok výtvarnosti. Prezentuje sa kreatívnym prístupom k predkamerovej realite. Tu cítiť autorovu dôkladnú znalosť výtvarného umenia a jeho estetických princípov.

Prednosťou knihy je jednotná poetika celku. Dokumentárnosť a umeleckosť sú v rovnováhe a vzájomnej symbióze. Estetické povýšenie je dosiahnuté výsostne fotografickými prostriedkami, nie je dekoratívnym príveskom alebo umelou, neprirodzenou štylizáciou. Tvorí ho myšlienkový i citový postoj autora a funkčné uplatnenie fotografických výrazových prostriedkov. Neskrývaný obdiv a úctu k autonómnemu svetu dedinskej tradície nevyjadruje autor v statickom idealizujúcom

producing a three-dimensional effect (12, 17), as is movement in the optical axis (15, 37, 58, 61).

One interesting aspect of these photographs is the relation between the earth and the sky. A predominance of sky makes the picture light and airy. Where the substance of the earth prevails, the horizon with a little bit of sky is in the upper half of the picture. This recurring principle with emphatic focus on the earth does not produce a feeling of heaviness, because the earth is presented as friendly, kind, marked by the hard work of human hands. The fact that the earth predominates stresses that it is the womb of life, the provider of nourishment. The presence of humans evokes the intimate relation of a son to his mother, the giver of bread. The artistic quality is typical of this photographer's style. It presents itself in the creative approach to the reality in front of the camera. Here we can sense the author's thorough knowledge of fine art and his aesthetic principles.

.

One of the virtues of this book is its poetic unity. The documentary and artistic elements are held in balance and complement each other. Aesthetic refinement is achieved exclusively by photographic means; it is never a decorative addition, it never becomes artificial, unnatural stylization. It is an expression of the intellectual and emotional attitude of the author. The author's unconcealed admiration and respect for the autonomous world of village traditions is not expressed in a static, idealizing view of the past, that is, by reconstruction and staging. This documentary record captures life as it really was then, when fundamental changes were taking place, but family traditions were still respected. Its aim was not just an external picture, but an attempt to bring to light the moral, spiritual and human values of the society it depicted. It does not stress the material poverty, the harsh life, the destitution, for it reveals the spiritual stature of the simple villager and the morality of the traditional village community. This attitude and its resulting message can be found in the individual pictures, but is greatly magnified when the book is taken as a whole.

Throughout the ages, folk culture expressed the identity of the nation, and for this reason photography, like the pohľade zameranom do minulosti, teda formou rekonštrukcie a inscenácie. Dokumentárny záznam zachytáva prítomný pravdivý život v dynamike jeho premien a rodovej úcte k tradícii zároveň. Cieľom nie je iba vonkajškový obraz, ale snaha vyniesť na svetlo etické, duchovné, humánne hodnoty zobrazeného spoločenstva. Neakcentuje materiálnu biedu, drsnosť, opustenosť, ale odkrýva duchovnú veľkosť prostého dedinského človeka a mravnosť jeho tradičného dedinského spoločenstva. Tento autorský postoj a výsledné myšlienkové posolstvo je v jednotlivých obrazoch, no výrazne ho znásobuje celok knižného súboru.

Pretože ľudová kultúra bola po veky identitou národa, analogicky ako v iných umeniach aj fotografia zdôrazňuje úctu k nositeľovi a ochrancovi tejto kultúry a vyjadruje to prvkami monumentalizácie. Na rozdiel od svojich predchodcov vo fotografii, ktorí noblesu ducha a ušľachtilosť vidieckeho života hľadali vo sviatočnosti, autor tejto knihy ju odkrýva vo všednosti života. Keďže charakteristickou črtou jeho rukopisu je silný prvok výtvarnosti, jeho fotografická monumentalizácia pripomína skulptúry (9, 31, 33, 42, 46, 53, 104, 106, 111).

Myšlienkové a umelecké posolstvo autora je zhrnuté vo frázovaní knihy. DOMOV je ten jedinečný a neopakovateľný pojem, ktorý evokuje detstvo, istotu, teplo hniezda. V ňom sú vrastené KORENE každého jedinca, ktorými prijíma životodarnú miazgu. KRÁSA je duchovná potreba života. Prostý človek odkázaný iba na seba odpovedal na túto potrebu sám. Svojimi zručnými rukami a citlivým srdcom vedel skrášliť všetko vôkol seba – odev, obydlie, pracovný nástroj. V symbióze krásy a úžitkovosti zušľachtoval a humanizoval seba i svet okolo. Tvorcom materiálnych hodnôt je PRÁCA. Tu je to predovšetkým práca roľníka. Dotyky jeho robotných rúk so zemou sprevádza námaha a pot, ale zároveň sú aj láskavým pohladením chlebodárnej zeme. Ťarchu všedného života strieda sviatok, obrad, RADOSŤ. Život, ktorý bol a už nebude, mal svoju štruktúru i systém funkčných väzieb. Dnes sú to iba SPOMIENKY. Dynamika vývoja sa nedá zastaviť. To však neznamená odvrhnúť DEDIČSTVO poznatkov, skúseností, humanizmu, étosu. Napokon, čím väčšiu pamäť má ľudstvo, tým dokonalejšiu budúcnosť môže tvoriť.

other arts, lays stress on respect for the bearer and protector of this culture and it emphasizes this through elements that add loftiness to the subject. In contrast to his predecessors in this field, who sought the nobility of spirit and the dignity of rural life in festive occasions, the author of this book reveals it in the ordinariness of everyday life. As a strong element of artistic design is a characteristic feature of his style, his photographic monumentalization is reminiscent of sculpture (9, 31, 33, 42, 46, 53, 104, 106, 111).

The author's intellectual and artistic message is summed up in the titles of the chapters. The idea of HOME is very special. It evokes childhood, security, the warmth of the nest. By drawing on its life-giving sap, each individual grows his or her ROOTS. BEAUTY is a spiritual need. Simple folk, who had only themselves to rely on, satisfied this need for themselves. With their skilful hands and sensitive hearts they added beauty to everything around them – their clothes, their housing and their tools. Through this harmony of beauty and utility they ennobled and humanized themselves and the world around them. Material needs are met through WORK. Here, it was above all the work of the peasant farmer. The earth demanded toil and sweat from his hardworking hands, but he was grateful to her for the bread she gave. The burden of everyday life was eased during festive days, with their rituals and PLEASURE. The life which was and will be no more had its structure and firm social ties. Today these are only MEMORIES. The dynamics of development cannot be restrained. However, this does not mean a rejection of the HERITAGE of knowledge, experience and humanism, its ethos. After all, the greater the memory humankind has, the more perfect a future it can create.

Images Gone with Time is one contribution to this memory. It is a message from just one region, from a little country in the heart of Europe, but it is a message that has universal validity and conveys universal human values.

Príspevkom do tejto pamäti je myšlienkové a umelecké posolstvo knihy „Obrazy odviate časom". Je to posolstvo z jedného regiónu, z malej krajiny v strednej Európe, ale posolstvo všeplatné a všeľudské.

Martin Slivka

THE SECRET OF THE PEBBLE IN THE RIVER
TAJOMSTVO RIEČNEHO KAMIENKA

The world you see before you no longer exists.

It is as if a lake has run dry and, by some strange chance, the image mirrored in its surface is all that remains. A reflection that lingers long after the object and the mirror are lost.

An image gone with time.

The Slovak village: individual, independent and distinctive, an age-old enclave. Polished to a strikingly beautiful perfection by an unchanging existence, ancient and uninterrupted. The secret of the pebble in the river.

The village was a world unto itself and it was free. Little did it depend on the world outside its borders. Daily life went on, heedless of provincial landowners and the larger community beyond its ken.

Svet, ktorý tu pred sebou vidíte, už neexistuje.

Akoby jazero vytieklo a nejakým zvláštnym spôsobom sa zachoval len obraz, ktorý zrkadlila jeho hladina.

Zrkadlila, ale zvnútra, čo zrkadlo obyčajne nečiní. Ale nebudeme sofisticky deklamovať o tomto paradoxe.

Slovenská dedina. Osobitá, svojprávna a svojrázna, veky pretrvávajúca enkláva. Práve tými vekmi, tým nepretržitým časom trvania s minimálnymi premenami vycizelovali sa jej funkcie a tvary do zvláštnej príťažlivej dokonalosti. Tajomstvo riečneho kamienka.

Bola svoja a bola slobodná. Pretože jej závislosť od krajinského, či državného a neviemakého makrospoločenstva bola minimálna. Závislosť pri jej každodenných životných úkonoch.

The Slovak village took care of itself. It grew grain, ground the grain into flour, baked the flour into bread. It made homespun woolens for garments, tanned leather for shoes and boots, fashioned wood into everything from spoons to cottages.

It turned to the outside world for paraffin to give it light, for salt and sugar to flavor its fare and for grease to oil the axles of its farm wagons.

Making a living was its strictly assigned duty. The sequence of tasks was dictated by the movement of the stars in the sky above its little world. Precisely as a ritual, the village followed the rules of an agricultural existence.

When a new homestead came into being, the first building to go up was a barn for the harvest and the cattle. Only after this was done could the husbandman turn his attention to the task of building the family dwelling.

Duty was first and foremost. Nature ruled it – sometimes kindly, sometimes sternly, and occasionally cruelly. Neverheless, within these boundaries was an inner freedom that is now quite impossible to comprehend. After all, our time is bartered against the demands made on it; the demands of the village folk were modest.

Thus was formed the distinctive character of the folk way of life which inevitably left its mark on everything created by heads and hands.

They labored like slaves – long and hard – but they sang as they worked.

This was their secret, as yet unrevealed in full. This book is an attempt to do so.

It knocks on the door of an ancient enclave. It comes to us as clearly as a radio signal on a calm day, clear as the water from a spring. It will draw us to it until our time fairly – and unfairly – makes fools of us.

Even a spring that has run dry can sometimes mirror our souls. Our human souls, our face within.

Takmer na všetky si stačila sama. Vypestovala si zrno, zomlela ho na múku a z nej upiekla chlieb – stačila si s poživňou.

Vyrobila si textil na odev, súkno či remeň na obuv, vyrobila si potrebné náčinie – od lyžice až po chalupu z dreva.

K inštitúciám garantovaným vrchnosťou si chodila po petrolej na svietenie, po soľ do jedla či cukor na skromné osladenie života. Alebo po kolomaž do kolies na sedliackych vozoch.

Jej stolom bol jej chotár, jedálny lístok určovala zem.

Dorábanie živnosti bývalo jej presne a prísne stanovenou povinnosťou. Poradie povinností určoval posun zverokruhu a obloha nad chotárom. Bola to striktne roľnícka sociéta s kánonom až obradne presným.

Keď „vznikal" nový dom a dvor, najprv sa postavila stodola na uloženie úrody a domácej lichvy a až potom prišlo na rad bývanie pre gazdu a jeho rod. Povinnosť bola prvoradá. Príroda jej vládla raz láskavo, raz prísne a občas kruto.

Avšak bola to zóna dnes priam nepochopiteľnej vnútornej slobody. Veď našimi nárokmi naň kladenými kupuje si náš čas. A nároky týchto ľudí nebývali veľké. Prvým písmenom šlabikára tu bolo písmeno S – skromnosť.

Takto sa vytváral svojrázny kolorit ľudského bytia, ktorý zanechával mimovoľné stopy na všetkom, čo vyšlo z ľudských rúk a hláv.

Robotovali tvrdo, ale pri každej práci si spievali.

To je ich tajomstvo, ktoré doteraz nikto celé neodkryl.

Aj táto knižka sa o to pokúša.

Klope na tajomstvo enklávy, ktorá človeku tohto storočia trochu pripomína dokonale zainštalovaný rozhlasový spínač:

Do zeme živé, konkrétne uzemnenie a do oblohy košatá, presne pracujúca anténa. Anténa, ktorá nemá pochybnosti o sebe.

Nečudo, ak zvuk, ktorý to vydávalo, bol ako prameň čistý.

A bude nás priťahovať, kým my sami z vlastného času načisto (a na nečisto) neohlúpneme.

Pretože aj taká studnička, ktorá už vyschla, dokáže občas zrkadliť našu dušu. Ľudskú dušu - našu vnútornú tvár.

Milan Rúfus

9. Starena, zima, Rajec, 1955
9. An elderly woman, winter, Rajec, 1955

10. Brána do sýpky, Ďurčiná pri Rajci, 1956. SNM Martin
10. The door to the granary, Ďuričiná ner Rajec, 1956. SNM Martin

11. A woman in the window of a painted house, Čičmany, 1964
11. Žena v okne, maľovaný dom v Čičmanoch, 1964

HOME
DOMOV

Be not mistaken. Simply, where they give,
where they have, let them protect you.
Home – that too is something simple.
Like a word in a moment of understanding.

Nemýľ sa. Tam, kde dajú proste.
Tam, kde majú, nech vás ochránia.
Domov – to je tiež len čosi prosté.
Ako slovo v chvíli poznania.

TESTAMENT – Milan Rúfus – ZÁVET

In the mid-fifties the little rural town of Rajec became my workplace and home. It was the centre of the intensely pulsating life of the surrounding, authentically old-time villages. Here nature, people, fields, forests and the sky were one. I began to be aware of a feeling of home. I came across beauty unknown to me, in wood, colours and cloth. I discovered the values of the simple, unsophisticated life. Enchanted by this world, I tried to capture it in photographs.

V polovici päťdesiatych rokov sa mojím pracoviskom i domovom stalo vidiecke mestečko Rajec. Bolo centrom intenzívneho pulzujúceho života okolitých dedín autentických starých čias. Vládla tu integrita prírody a človeka, polí, lesov a oblohy. Začal som si uvedomovať pocit domova. Stretával som nepoznanú krásu, utkanú z dreva, farieb a plátna. Objavoval som hodnoty jednoduchého a prostého života. Očarený týmto svetom som sa ho snažil fotograficky zachytiť.

12. A woman tying up sheaves with straw binder during the harvest, Ďurčiná near Rajec, 1957
12. Žena viažuca povrieslo na snopy za žatvy, Ďurčiná pri Rajci, 1957

13. Fields on the hillside, Terchová, 1950
13. Polia na stráni, Terchová, 1950

14. Fences in winter, Fačkov, Rajec Valley, 1956
14. Ploty v zime, Fačkov, Rajecká dolina, 1956

15. Winter landscape with manure spreaders, Rajec, 1958
15. Zimná krajina s hnojármi, Rajec, 1958

16. A barn with a shingle roof, Huty, Orava, 1963
16. Humno so šindľovou strechou, Huty, Orava, 1963

17. A girl on the way home with the shopping, Kysuce, 1964
17. Dievčatko s nákupom cestou domov, Kysuce, 1964

18. A girl going to school, Zuberec, Orava, 1963
18. Dievčatko ide do školy, Zuberec, Orava, 1963

19. An old woman hanging out the wash, Zázrivá, 1965
19. Stará žena vešajúca vyprané šaty, Zázrivá, 1965

20. A woman with a bundle of hay on her back, Rajecká Lesná, 1956.
Považské múzeum, Žilina
20. Žena s batohom sena na chrbte, Rajecká Lesná, 1956.
Považské múzeum Žilina

21. A woman with a bundle of hay in the hills near Rajecká Lesná, 1957
21. Žena s batohom sena v horách pri Rajeckej Lesnej, 1957

22. Folk architecture, Zuberec, Orava, 1963
22. Ľudová architektúra, Zuberec, Orava, 1963

23. Early evening, summer fields, Liptovská Lúžna, 1964
23. Podvečer, letné polia, Liptovská Lúžna, 1964

24. Harvest fields, near Rajec, 1957
24. Polia za žatvy pri Rajci, 1957

25. A wooden bracket on a folk cottage, Poniky, region Banská Bystrica 1965

25. Drevená konzola na ľudovej stavbe, Poniky, región Banská Bystrica 1965

ROOTS
KORENE

Lord, high, far too high, you have put our table.
Blood we must sweat before we can reach it,
and the salt of our bodies is thus washed away.
The salt we too often not can afford to buy.

Vysoko si nám, Bože, vysoko
položil stôl. Kým dočiahneme naň,
potíme krv a soľ z nás uteká.
Soľ, na ktorú nám často nezvýši.

HILL FARMERS – Milan Rúfus – VRCHÁRI

Present day Slovakia is a modern country with villages and towns like those elsewhere in the world, with high buildings, television, the Internet, with highways and airports. Alongside these symbols of civilization, the people here have deep roots in their spiritual traditions, which have formed the subconscious of the nation and have fed it with life-giving strength in the whirlpool of history. Our country can without doubt offer the rest of the world a bouquet of ideas derived from its traditions.

Dnešné Slovensko je moderná krajina s dedinami a mestami ako všade na svete, s výškovými budovami, televíziou, internetom, s diaľnicami a letiskami. Popri týchto znakoch civilizácie má tunajší ľud hlboko zapustené korene vo svojej duchovnej tradícii, ktorá tvorila povedomie národa a ňou si udržiavala vo víroch dejín životodarnú silu. Zaiste bude vedieť i naša krajina poskytnúť ostatnému svetu kyticu myšlienok zo svojej tradície.

26. An early morning view from the ridge of the Low Tatras, not far from Liptovská Lúžna, 1956
26. Pohľad na Nízke Tatry od Liptovskej Lúžnej, 1956

27. A ploughman, spring under the Lietava fortress, Rajec Valley, 1956
27. Oráč, jar pod Lietavským hradom, Rajecká dolina, 1956

28. Mount Kriváň, a view from Podbanské in the High Tatras, 1964
28. Kriváň, pohľad od Podbanského, oblasť Vysokých Tatier, 1964

29. Little houses at the edge of the forest, Vrátna Valley near Terchová, 1950
29. Domčeky pod lesom, Vrátna dolina pri Terchovej, 1950

30. A cross in a field, Ďurčiná near Rajec, 1956
30. Kríž v poli, Ďurčiná pri Rajci, 1956

31. An elderly woman going to a funeral, Čičmany, 1956
31. Starena cestou na pohreb, Čičmany, 1956

32. A woman from Poniky, region of Banská Bystrica, 1965
32. Žena z Poník, región Banská Bystrica, 1965

33. At the funeral, Čičmany, 1954
33. Na pohrebe, Čičmany, 1954

34. A woman doing her wash in a stream, winter, Rajecká Lesná, 1957
34. Žena perie na potoku, zima, Rajecká Lesná, 1957

35. A village in the snow, Liptovské Revúce, 1965
35. Snehom zasypaná dedina, Liptovské Revúce, 1965

36. A child running through the village, winter, Rajecká Lesná, 1955
36. Dieťa beží dedinou, zima, Rajecká Lesná, 1955

37. Two men in Shrovetide fancy costumes, Batizovce at the foot of the High Tatras, 1965
37. Dvaja muži ako fašiangové masky, Batizovce pod Vysokými Tatrami, 1965

38. An old man between two houses, Likavka, Liptov, 1965
38. Starec pozerá medzi domami, Likavka, Liptov, 1965

39. A funeral in winter, Fačkov, Rajec Valley, 1956

39. Pohreb v zime, Fačkov, Rajecká dolina, 1956

40. A landscape in summer, Rajec Valley, 1956
40. Krajina v lete, Rajecká dolina, 1956

41. At the edge of the forest, near Banská Štiavnica, 1957
41. Na okraji lesa, okolie Banskej Štiavnice, 1957

BEAUTY
KRÁSA

Who will tell beauty
how deep she lies within us?
So deep,
So deep, you frighten death away,
like a cock crowing.

Kto povie kráse
jak hlboko je v nás?
Tak hlboko, že smrť
plašíme tebou ako kohútom.

BEAUTY – Milan Rúfus – KRÁSA

While taking the photographs in this book, I used to meet with many different aspects of folk art, which at the time were maturing in their most beautiful forms. In every village and in every valley these were in some way distinctive and differently beautiful. This beauty was to be found in the highly imaginative folk sculptures, in the wooden cottages, in the wide range of magnificent patterns to be found in embroideries and national costumes, in everything touched by skilful hands. Rich are the treasures of the souls and of the hands of these people.

Keď som snímal motívy týchto fotografií, stretával som sa s mnohorakými prejavmi a formami slovenského ľudového umenia, ktoré v tom čase dozrelo do svojich najkrajších podôb. V každej dedine a v každej doline boli jeho podoby v niečom iné a inak krásne. Táto krása sa uplatňuje v bohatej fantázii ľudových sošiek, v stavbách dreveníc, neprebernej nádhere vzorov výšiviek a krojov, vo všetkom, čoho sa dotkla hmotu pretvárajúca ruka. Bohaté sú šperky ducha a rúk tunajšieho ľudu.

42. A woman carrying a child on her back, Ďurčiná near Rajec, 1957.
SNM Martin
42. Žena s dieťaťom na chrbte, Ďurčiná pri Rajci, 1957.
SNM Martin

43. A gable on a wooden house, Zázrivá, 1965
43. Štít dreveného domu, Zázrivá, 1965

44. A short break while raking hay, Liptovské Revúce, 1965
44. Hrabáčka sena pri krátkej prestávke v práci, Liptovské Revúce, 1965

45. A girl singing while playing in a meadow, Fačkov, Rajec Valley, 1956
45. Spievajúce dievčatko pri hre na lúke, Fačkov, Rajecká dolina, 1956

46. An old man with a pipe in front of a fence, Rajecká Lesná, 1958
46. Starec s fajkou pred domom, Rajecká Lesná, 1958

47. Children's traditional games, Rajecká Lesná, 1957
47. Detské hry podľa starého zvyku, Rajecká Lesná, 1957

48. A woman in national costume walking past a painted house, winter, Čičmany, 1965
48. Žena v kroji kráča pred maľovaným domom, zima, Čičmany, 1965

49. Whitewash decorations on a house, Čičmany, 1964
49. Vápnom maľovaný ornament na dome, Čičmany, 1964

50. A blue-and-white print, Rajec, photographed 1958
50. Vzor modrotlačovej tkaniny z Rajca, 1958

51. Two women talking together, Liptovské Revúce, 1957
51. Dve ženy v rozhovore, Liptovské Revúce, 1957

52. A portrait of an old man, Liptovská Lúžna, 1964
52. Portrét starca, Liptovská Lúžna, 1964

53. An elderly woman in a felt coat in front of a fence, early evening, Rajecká Lesná, 1958
53. Starena v halene pred plotom, podvečer, Rajecká Lesná, 1958

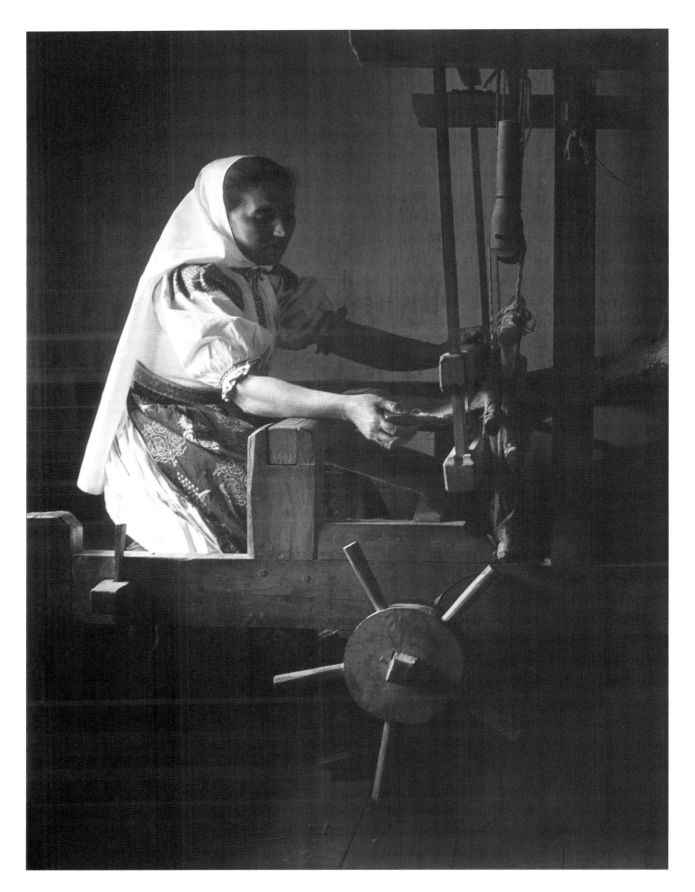

55. An old woman at a vertical loom, Čičmany, 1955
55. Stará žena pri zvislých krosnách, Čičmany, 1955

54. A woman beside a loom, Ďurčiná near Rajec, 1956. SNM Martin
54. Žena pri krosnách, Ďurčiná pri Rajci, 1956. SNM Martin

56. A Baroque monument in honour of the saints, Dlhá nad Oravou, 1964

56. Baroková stavebná pamiatka na uctenie svätých pred rozostavaným domom, Dlhá nad Oravou, 1964

57. A wooden house with a scuplture of the Madonna in front, Rajecká Lesná, 1956

57. Drevenica so zasklenou soškou Panny Márie na priečelí, Rajecká Lesná, 1956

WORK
PRÁCA

Bread comes not flying like a bird,
another man's dove, into your yard.
Bread has to be earned.
Pushing the plough like a heavy train.

Chlieb nepriletí ako vták,
jak cudzí holub do dvora.
Chlebík si treba zaslúžiť.
Pluh tlačiť ako ťažký vlak.

OUR DAILY BREAD – Milan Rúfus – CHLIEB NÁŠ KAŽDODENNÝ

There is plenty of work the whole year round. Snow makes the transport of wood from the forest an easier task. When the snow melts, the fields are ploughed. The first gift of the soil are the grassy hillsides. The wind wafts the fragrance of mown hay through the valley. The harvest is a joy, but grain and bread have to be earned. Then, more hard work awaits: the harvesting of potatoes. The rains come, the strips of fields are left deserted. The wind races over them. Then all is covered with snow. The land rests. The light of contentment shines. In spring it all begins again. The story of work in the village is the story of the laws of the land and the perseverance of mankind.

Práce je nadostač celý rok. Sneh uľahčí prácu pri zvážaní dreva z lesa. Keď sneh ustúpi, polia sa poorú. Prvým darom pôdy sú trávnaté úbočia hôr. Vietor roznáša po poliach vôňu pokoseného sena. Žatva je radostná, ale o zrno a chlieb treba bojovať. A už čaká ďalšia ťažká práca – vyberanie zemiakov. Prídu dažde, pásiky polí osihotia. Vietor sa nad nimi preháňa. Potom prikryje sneh. Zem si oddýchne. Zažiari svetlo spokojnosti. Zjari sa všetko rozkrúti odznova. Príbeh o práci na dedine je príbehom o zákonoch zeme a húževnatosti človeka.

58. Pulling wood across the snow, near Makov, Kysuce, 196458.

58. Zvážanie dreva po snehu pri Makove, Kysuce, 1964

59. Winter fields near Ďurčiná, Rajec Valley, 1957. SNM Martin

59. Zimné polia pri Ďurčinej, Rajecká dolina, 1957. SNM Martin

60. Transporting wood across the snow, Šuja near Rajec, 1956

60. Vlečenie dreva po snehu saňami, Šuja pri Rajci, 1956

61. A manure spreader on the way to the field, Suchá Hora, Orava, 1964

61. Hnojár cestou na pole, Suchá Hora, Orava, 1964

62. Transporting wood on sledges in the forest near Makov, Kysuce, 1964

62. Zvážanie dreva v lese na saniach pri Makove, Kysuce, 1964

63. A driver with horses transporting wood near Makov, Kysuce, 1964

63. Pohonič s koňmi pri zvážaní dreva pri Makove, Kysuce, 1964

64. Laborious ploughing, spring, Rajecká Lesná, 1956. SNM Martin
64. Namáhavé oranie, jar, Rajecká Lesná, 1956. SNM Martin

65. A mother carrying a child on her back in the early morning, Liptovská Lúžna, 1957
65. Matka nesie za rána dieťa na chrbte, Liptovská Lúžna, 1957

66. A woman with a hay fork in front of a wooden cottage, Huty, Orava, 1964
66. Žena s vidlami pred drevenicou, Huty, Orava, 1964

67. Portrait of an old man, Rajecká Lesná, 1958
67. Portrét muža, Rajecká Lesná, 1958

68. Transporting hay on a sledge of smooth logs, Rajecká Lesná, 1956. SNM Martin
68. Zvláčanie sena, Rajecká Lesná, 1956. SNM Martin

69. Pulling the log sledge while haymaking on the hillside, Rajecká Lesná, 1956
69. Vyťahovanie „zvlače" hore svahom pri práci na senách, Rajecká Lesná, 1956

70. Bleaching the linen on the grass in the sun by sprinkling it with water, Liptovská Lúžna, 1956
70. Bielenie plátna na tráve na slnku polievaním vodou, Liptovská Lúžna, 1956

71. Mowing the grass, Liptovská Lúžna, 1964
71. Kosenie trávy, Liptovská Lúžna, 1964

72. Harvest near Ďurčiná, Rajec Valley, 1957. SNM Martin
72. Žatva pri Ďurčinej, Rajecká dolina, 1957. SNM Martin

73. A sleepy child guarding a field cradle, Rajecká Lesná, 1955
73. Dieťatko strážiace poľnú kolísku, Rajecká Lesná, 1955

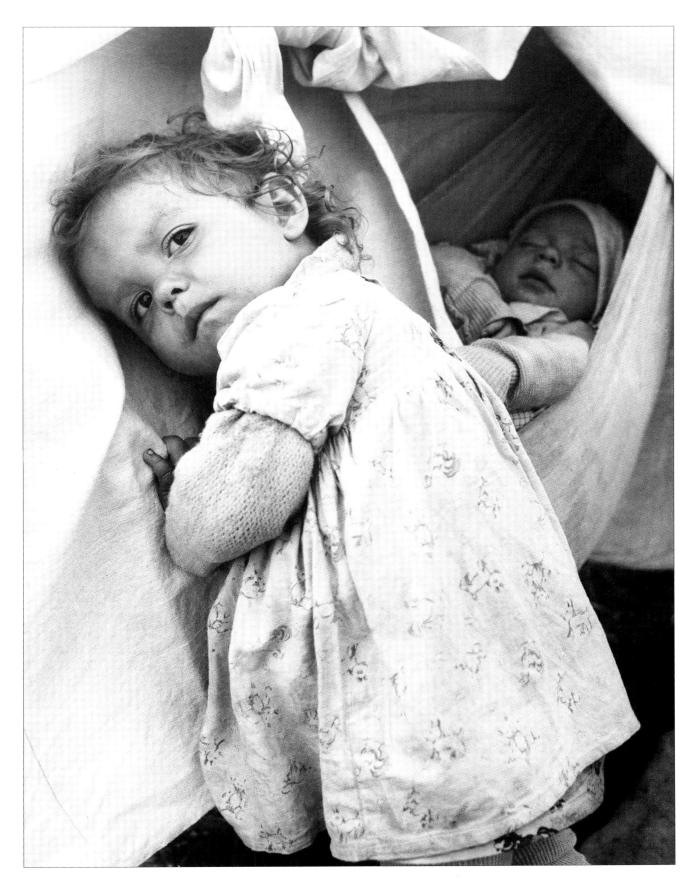

74. A girl grazing the cows under Mount Reváň, Rajec Valley, 1956
74. Dievčatko pasie kravy pod Reváňom, Rajecká dolina, 1956

75. A woman resting with a bunch of picked caraway, Huty, Orava, 1964
75. Odpočívajúca žena so zväzkom nazbieraných stopiek rasce, Huty, Orava, 1964

76. Small fields in the valley of Vranín near Rajecká Lesná, 1956
76. Malé políčka v úvale Vranín pri Rajeckej Lesnej, 1956

77. Harvest near Šuja, Rajec Valley, 1957
77. Žatva pri Šuji, Rajecká dolina, 1957

78. A woman harvesting potatos in the hills near Veľká Bytča, 1963
78. Kopáčka zemiakov v horách pri Veľkej Bytči, 1963

79. Harvesting potatoes, autumn Šuňava, at the foot of the High Tatras, 1958
79. Zber zemiakov, jeseň, Šuňava pod Vysokými Tatrami, 1958

80. An old woman with a little bundle on her back in the stubble fields near Rajec, 1957

80. Stará žena na strnisku s batôžkom na chrbte, pri Rajci, 1957

81. Ploughing the last furrow, autumn, near Rajecká Lesná, 1956

81. Oranie — posledná brázda, jeseň, pri Rajeckej Lesnej, 1956

82. A manure spreader on the way to the fields, winter, Fačkov, Rajec Valley, 1956

82. Hnojár cestou na pole, zima, Fačkov, Rajecká dolina, 1956

83. A house covered with snow, Vychylovka, Kysuce, 1965

83. Zasnežený dom, Vychylovka, Kysuce, 1965

PLEASURE
RADOSŤ

Music, you nourished us,
From your melodies we fed.
Often more of you at home
than there was bread,
than there was oats.

Dala si nám, muzika,
najesť z tvojho uzlíka.
Koľkokrát sme mali teba
v dome viacej ako chleba,
viacej ako ovsíka.

MUSIC – Milan Rúfus – MUZIKA

Daily toil needs moments of rest, festive days full of pleasure. There are those which come round every year. There are also happy family days - weddings, christenings, as well as days of sorrow - moments of the last farewell. One of the most festive times is Christmas, with its message of peace and love. The period leading up to Shrovetide is an opportunity for lively enjoyment. Strange fancy dresses, endless singing, music, dancing. Let us learn to appreciate pleasure, it is the giver of new energy we need for life.

Každodenná namáhavá práca potrebuje chvíle oddychu, sviatky radosti. Sú sviatky výročné, ktoré sa opakujú. Sú i dni veselé rodinné – svadby, krstiny, ako aj dni, chvíle poslednej rozlúčky. K najväčším sviatkom roka patria Vianoce s posolstvom pokoja a lásky. Príležitosťou vitálnej radosti sú fašiangy. Roztodivné masky, spev, hudba, tanec akoby nepoznali medzí. Učme sa tešiť z radosti, je ona darcom novej energie do života.

84. A toast when the pig-slaughtering is over, winter, Ždiar, 1965
84. Prípitok pri ukončení zabíjačky, zima, Ždiar, 1965

86. Amusing fancy costume, Shrovetide carnival, Ďurčiná near Rajec, 1964
86. Veselé masky, fašiangy, Ďurčiná pri Rajci, 1964

85. The first violinist with other musicians, Shrovetide carnival, Fačkov, Rajec Valley, 1964
85. Primáš s muzikantmi na fašiangy, Fačkov, Rajecká dolina, 1964

87. A reveller on St. Lucy's Day, a folk custom, Ďurčiná near Rajec, 1956
87. Veselá maškara na sv. Luciu, ľudový zvyk, Ďurčiná pri Rajci, 1956

88. Carol-singers dressed up as the Three Kings — a folk custom, Ďurčiná near Rajec, 1955
88. Koledníci, chlapci maskovaní ako traja králi, Ďurčiná pri Rajci, 1956

89. Going carol-singing at Epiphany — a folk custom, Ďurčiná near Rajec, 1955
89. Koledníci, ľudový zvyk — chodenie po domoch so spevmi na sviatok Troch kráľov, Ďurčiná pri Rajci, 1955

90. A young man with a wooden "sabre" and the bacon he has earned — at the Shrovetide carnival, Fačkov, Rajec Valley, 1955
90. Mládenec s drevenou „šabľou" a so slaninkou ako výslužkou, fašiangy, Fačkov, Rajecká dolina, 1955

91. A folk carnival mask, Likavka, Liptov, 1965
91. Fašiangová maska, Likavka, Liptov, 1965

92. A Shrovetide procession, Fačkov, Rajec Valley, 1955
92. Fašiangový sprievod vo Fačkove, Rajecká dolina, 1955

93. A Shrovetide carnival with a man in fancy dress, Fačkov, Rajec Valley, 1957

93. Fašiangy, sprievod s maskovaným mužom, Fačkov, Rajecká dolina, 1957

94. Shrovetide revels with a masked figure with a bull's head, Terchová, 1965
94. Fašiangová veselica s maskovanou postavou s býčou hlavou, zvanou „turoň", Terchová, 1965

95. Merry Shrovetide — a man dressed as gentleman in a basket carrying in front of him a stuffed dummy
of a woman in national costume, Liptovské Sliače, 1964
95. Veselé fašiangy, muž v pánskom oblečení nesie v koši pred sebou vypchatú figurínu
ženy v kroji, Liptovské Sliače, 1964

MEMORY
SPOMIENKY

A memory...
Its timid flame grows ever brighter.
It shines,
and beside it someone within us quietly sings
a forgotten cantato.

Spomienka...
Jej plachý plamienok je stále zjavnejší.
Svieti
a ktosi v nás ticho si pri ňom spieva
už zabudnutú kantátu

TIME TO REMEMBER – Milan Rúfus – ČAS SPOMIENOK

The beginning of my hobby of photography, which grew into a profession, was my fascination with the Slovak village environment, where the old traditions merged with the modern way of life. The beauty of this distinctive world enchanted me to such an extent that photography finally became my main purpose in life. When I recall my memories of this time, I am glad that it did. I remember the folk legends where good always won over evil and honour over the pitfalls it encountered. Beauty is sad and happy at the same time.

Na začiatku mojej fotografickej záľuby, ktorá napokon prerástla do povolania, bolo očarenie prostredím slovenskej dediny, kde sa starodávne prelínalo s prítomným. Krása tohto svojbytného sveta mi natoľko učarovala, že fotografia sa mi napokon stala hlavnou náplňou života. Keď na to spomínam z odstupu rokov, som rád, že sa tak stalo. Spomínam si na ľudové povesti, v nich vždy víťazilo dobro nad zlom a česť nad nástrahami. Krásno je smutné i veselé zároveň.

96. Hillsides with narrow strips of fields, near Krásno nad Kysucou, 1964
96. Stráne s úzkymi políčkami, tzv. „grapami", pri Krásne nad Kysucou, 1964

97. Sheaves after the harvest, Rajecká Lesná, 1957
97. Snopy po žatve, Rajecká Lesná, 1957

98. A little village street, winter, Liptovské Revúce, 1964
98. Dedinská ulička, zima, Liptovské Revúce, 1964

99. A little girl at a window, with wood piled up in front of around the house, Liptovská Lúžna, 1965
99. Dievčatko za oknom, zásoby dreva sú naukladané pred domom, Liptovská Lúžna, 1965

100. Wooden gables in winter, Nižná Boca at the foot of the Low Tatras, 1965
100. Štíty drevených domov, zima, Nižná Boca pod Nízkymi Tatrami, 1965

101. Snow-covered houses, Liptovská Sielnica, 1964
101. Zasnežené domy, Liptovská Sielnica, 1964

102. Women on their way to work, Liptovské Revúce, 1957

102. Ženy cestou do práce, Liptovské Revúce, 1957

103. An old man smoking on the balcony, Špania Dolina, 1964
103. Fajčiaci starec na pavlači, Špania Dolina, 1964

104. A woman on her way to the church, Čičmany, 1954
104. Žena cestou do kostola, Čičmany, 1954

105. A herdsman with a whip, winter, Liptovská Sielnica, 1964
105. Pohonič s bičom, zima, Liptovská Sielnica, 1964

106. An old woman lights a candle on a grave on All Saints' Day, Čičmany, 1954. SNM Martin
106. Stará žena zapaľuje sviečku na hrobe, sviatok Všetkých svätých, Čičmany, 1954. SNM Martin

107. A woman on her way back from the fields at dusk, Liptovská Lúžna, 1964
107. Žena cestou z poľa, podvečer, Liptovská Lúžna, 1964

108. A crucifix on a wall, Špania Dolina, 1965
108. Krucifix na stene, Špania dolina, 1965

109. Mourning women and children with burning candles at the cemetery on All Saints' Day, Fačkov, Rajec Valley, 1956
109. Smútiace ženy a deti so zapálenými sviečkami na cintoríne na sviatok Všetkých svätých, Fačkov, Rajecká dolina, 1956

HERITAGE
DEDIČSTVO

All is imprinted on the memory of the Earth,
no room is left for shallow things.
The Earth remembers. And through God reminds us
of the wheels that rattled across its face.

Všetko sa vrýva do pamäti zeme
a nieto miesta pre plytké.
Zem pamätá. A bohom pripomenie,
že rachotili po nej kolesá.

IN SEARCH OF AN IMAGE – Milan Rúfus – HĽADANIE OBRAZU

I open a box of photographs and see before me the past, as I drew and painted it with my camera almost fifty years ago. These are images that have gone with time. We must not allow the beauty that was here in all its glory to be forgotten. Even now the memory of our homeland gazes at us with devoted familiarity. It is with us all the time. It is the heritage of the honest life and deep spirituality of the people who live here. I wish to pass it on with a feeling of respect.

Otváram škatuľu s fotografiami a vidím pred sebou minulosť, ako som ju vykreslil a namaľoval svojím fotoaparátom skoro pred päťdesiatimi rokmi. Sú to obrazy, ktoré odvial čas. Nech nezapadne do zabudnutia to krásne, ktorého tu bolo v plnej miere. Pamäť domova pozerá i dnes na nás v oddanej dôvernosti. Je neustále prítomná. Je dedičstvom statočného života a hlbokej duchovnosti tunajšieho ľudu. Chcem ho odovzdať s úctou a ďalej.

110. A little girl holding onto her mother's skirt, Rajec Valley, 1956
110. Dievčatko sa drží maminej sukne, Fačkov, Rajecká dolina, 1956

111. An old woman in a woolen shawl holding keys in her hand, Liptovské Sliače, 1964
111. Stará žena vo vlniaku s kľúčami v ruke, Liptovské Sliače, 1964

112. A wedding procession in Vychylovka, winter, Kysuce, 1965
112. Svadobný sprievod vo Vychylovke, zima, Kysuce, 1965

113. A woman carrying a baby on her way to town, Kysuce, 1964
113. Žena so zavinutým dieťaťom cestou do mesta, Kysuce, 1964

114. Husband and wife relaxing after work, Špania Dolina, 1965
114. Manželia — pohoda po práci, Špania dolina, 1965

115. Portrait of an old man, Kysuce, 1964
115. Portrét starého muža, Kysuce, 1964

116. Two women in a hurry, winter, Rajec, 1957
116. Dve náhliace sa ženy, zima, Rajec, 1957

117. A cross in the middle of the village, winter, Liptovské Sliače, 1964
117. Kríž uprostred dediny, Liptovské Sliače, 1964

118. A woman doing her washing in a frozen stream, winter, Rajec, 1957
118. Žena perie na zamrznutom potoku, zima, Rajec, 1957

119. A shivering child, winter, Fačkov, Rajec Valley, 1955
119. Uzimené dievčatko, zima, Fačkov, Rajecká dolina, 1955

120. The windows surrounded by wood for fuel, winter, Liptovské Revúce, 1964
120. Okná obložené drevom na kúrenie, zima, Liptovské Revúce, 1964

121. A boy returning home with bread, winter, Budatín near Žilina, 1964
121. Chlapec vracajúci sa s nákupom chleba domov, zima, Budatín pri Žiline, 1964

122. Two old women between trees — a talk, winter, Rajec, 1957
122. Dve baby medzi stromami — rozhovor, zima, Rajec, 1957

123. On the way from school near Krásno nad Kysucou, 1965
123. Chlapci cestou zo školy, pri Krásne nad Kysucou, 1965

124. An elderly woman, winter, Rajec, 1955
124. Starena, zima, Rajec, 1955

MEMORIES

Igor Grossmann
A final word

These images have gone with time, but the memories stay in my mind.

For me the pictures in this book are a return to especially pleasant memories of the time when a hobby of photography was gradually transformed into a life-long profession. What inspired this was my enchantment with the life of the Slovak village during that time. In the fifties I came to the little town of Rajec as a pharmacist. In the villages around folk traditions were still alive, they could be seen in an authentic form in the way of life, in the customs, in the ethical and in the social sphere.

This is where my new life began. I was so absorbed by the exceptional nature of these fresh and powerful experiences that I spent the whole of my free time recording in pictures the life of ordinary people who were part of the landscape, capturing in images their customs and family background, as well as the architecture peculiar to that region. I was interested in folk art, so very different from that I had previously been so familiar with. Through the eyes of my camera lens I recorded their human efforts to earn their daily bread, as well as the joys of festive days, the deserved reward for such hard work. It was just at the point in time when modern civilization was beginning to invade the last bastions of the old traditions. I had the good fortune to see this slowly dying world.

My interest later spread to other regions, including Kysuce, Orava, Liptov, the land at the foot of the Tatras and central Slovakia.

Even many years later, when I was no longer dealing with ethnographic photography, I liked to return to the village of my youth to draw from it new strength and to find fresh inspiration and energy as a photographer. To this very day something of the exceptional wealth of traditions has been preserved in Slovak rural life. The colourful nature of an exotic past still shines with the colours of times gone by. Impressions and feelings fixed in those times help the photographer to see even now what is hidden beneath the surface: that which time has blown

SPOMIENKY

Igor Grossmannn
Slovo na záver

Obrazy odvial čas, ale v mysli zostali spomienky.

Návratom do osobitne milých spomienok sú pre mňa obrazy v tejto knihe. Stáli na začiatku cesty, ktorá moju fotografickú záľubu premenila na celoživotné povolanie. Podnetom k tomu bolo očarenie životom vtedajšej slovenskej dediny. V päťdesiatych rokoch som prišiel ako lekárnik do malého mestečka Rajec. V okolitých dedinách žila ešte ľudová tradícia, ktorá mala svoje autentické prejavy v spôsoboch života, vo zvykoch, v estetickej i sociálnej oblasti.

Tu sa začal môj nový život. Jedinečnosť nových silných zážitkov ma natoľko upútala, že som venoval celý voľný čas zobrazeniu života prostých ľudí spätých s krajinou, obrazovému zachyteniu ich zvykov, rodinného zázemia, ako aj osobitej architektúre akoby vrastenej do tejto krajiny. Zaujalo ma ľudové umenie, také odlišné od doteraz mne dobre známeho. Očami svojho objektívu som zaznamenával zápas človeka o každodenný chlieb i ťažkou prácou vykúpené radosti sviatočných dní. Bolo to na prelome čias, keď súčasná civilizácia začínala dobýjať posledné bašty pôvodných tradícií. Mal som šťastie byť svedkom pomaly zanikajúceho sveta.

Môj záujem sa neskôr rozšíril i na teritórium Kysúc, Oravy, Liptova, oblasť pod Tatrami a na stredné Slovensko.

I po mnohých rokoch, keď som sa už nezaoberal etnografickou fotografiou, rád som sa vracal na dedinu svojej minulosti pookriať duševne i fotograficky. Načerpať nové impulzy a energiu. Dodnes sa na slovenskom vidieku zachovalo niečo z nezvyčajného bohatstva tradícií. Farebnosť akoby exotickej minulosti svieti ešte farbami zašlých čias. Vtedy fixované dojmy a pocity prispievajú k tomu, že fotograf vidí i dnes, čo sa skrýva pod povrchom. To, čo nenávratne odvial čas. Prehnal sa síce veľký víchor cez túto krajinu, ale podstata zostala.

Na popud svojej dcéry som nazväčšoval zaprášené fotografie a zostavil z nich kolekciu z rokov 1950 — 1965.

away – that which has gone with time. Although a strong gale has blown through this land, the essence has remained.

Urged on by my daughter, I enlarged my dusty photographs and formed a collection covering the years 1950-1965. It is from this that I am now offering a pictorial expression of my experiences, a record of a certain period in history that I witnessed and that I wish to pass on.

First of all you look for something to catch hold of. A point you can push off from. Something that shows you which way to go. You look for a little picture, a picture from childhood, children's fairy tales, adventures.

You remember the vaulted ceilings of the houses in town, the harmony of the ponderous bells at noon and in the evening, the houses with history written on their walls, the musty smell of ancient passages and dwellings.

The paving stones were arranged in fan-like patterns, in accordance with the rules and regulations of the town, the Corpus Christi procession took place every year, the trees neatly lined the streets. The town was dressed in travertine, the number of windows revealed the number of inhabitants.

The fairs were fun all the year round and as colourful as a nativity scene; the winter sledding down the steep roads meant merry-making and excitement for everyone.

The banging of hammers on a horseshoe could be heard as a young horse was shod. The sharp air spreading from the nearby hills was a reminder of Nature. The autumn leaves played out her role, obediently falling on the gravel of the well-kept park. The adventure of frying bacon at the edge of the woods near the town was a reminder of Nature, too. The rustle in the tops of the fir trees, rocked by the summer breeze, lulled one to sleep.

I had only seen the harvest from the window of a train.

The occasional trip into the surroundings had taught me little more.

Then, suddenly, a new world. The enchantment of a new life, such as when a craftsman shaped a beautiful figure from a piece of dead, dry wood, or transformed a pile of ordinary wool into a splendid hat for a bridegroom before your very eyes. When an unassuming woman in national costume decorated the walls of her house with pretty whitewash patterns. Or another little miracle: a rainbow

Podávam teraz obrazovú výpoveď o svojich zážitkoch, záznam určitého dejinného úseku, ktorého som bol svedkom, a chcem ho odovzdať ďalej ako dokument mojich zážitkov.

Už od počiatku hľadá človek malý záchytný bod. Od čoho sa odrazí. Čo mu ukáže smer. Hľadá malý obraz, obrázok z detstva, detské rozprávky, zážitky.

Spomína na klenby domov mesta, na harmóniu mohutných zvonov na poludnie a večer, na domy s históriou zapísanou na ich múroch, na pach odkrývaných chodieb a obydlí.

Dlažba je uložená vo vejári podľa pravidla a poriadku mesta, procesie na Božie Telo sú každoročne, stromy stoja pekne v rade pozdĺž ulíc. Mesto je oblečené do travertínu, počet okien prezrádza počet jeho obyvateľov.

Jarmoky sú veselé po celý rok a pestré ako betlehem, zimné sánkovačky v strmých uliciach sú radovánkami a vzrušením pre každého.

Bolo počuť bitie kladivami na nákovu pri podkúvaní mladého koníka. Prírodu pripomínal ostrý vzduch sálajúci z neďalekých hôr a nahrádzali ju jesenné listy poslušne padajúce na štrk upraveného parku. Prírodu pripomínal zážitok opekanej slaninky na okraji lesíka blízko mesta. Šum vrcholcov jedlí kolísaných v letnom vánku ukolísal do spokojnosti.

Žatvu som videl iba z okna vlaku.

Občasný výlet do okolia nepridal na poznaní.

A tu zrazu nový svet. Čaro nového života. Vtedy, keď majster vytvára z mŕtveho suchého dreva krásnu figúrku, iný zas takmer z ničoho, iba z kopy obyčajnej vlny stvorí pred vašimi očami nádherný klobúk pre ženícha. Keď nenápadná žena v kroji krášli bielym vápnom stenu svojho domu kúzlom ornamentu. A ďalší malý zázrak: Pod jemnými a zručnými prstami rozkvitá dúha farieb, čiar a kriviek, fantastická spleť... a je to nakoniec výšivka, nad všetky najkrajšia. A vrchol tomu dáva nepreberné bohatstvo kresieb ratolestí a stromčekov na vyfúknutých veľkonočných vajíčkach, s nakreslenými hrabľami a ovečkami. Na veľkonočnej kraslici uzrie svet ornament nad všetky úchvatný, kresba hodná Picassa. Je to základ i záver umenia zároveň.

Veľkým zázrakom je neomylnosť proporcie domu, jeho konštrukcia, ako aj tvar truhlice, stola a stoličiek vo vnútri.

of colours and lines twirled into a fantastic intricate network by deft, delicate fingers to produce the most beautiful embroideries imaginable. To top all this was the endless variety of patterns depicting sprigs, little trees, rakes and sheep on the empty shells of Easter eggs. Here we could find the most charming of decorations, drawings worthy of Picasso. Here we could see at one and the same time the beginnings and the culmination of art.

Another miracle was the unerring judgment evident in the proportions of the houses, their construction, which was also found in the shapes of the wooden chests, the table and chairs inside them.

The strange faces on the wooden beehives and the imaginative fancy costumes that had a mythical air of ancient ghosts and the charm of unbridled folk imagination seemed to have come from some spellbound world.

The senses captured the sound of rushing water in a mountain stream, the tinkle of brass bells announcing the approach of a flock of sheep.

The old mill kept knocking in the distance, but the engines of new-fangled conveyances were rarely to be heard.

The loose soil smelled of the roots of last year's crops, the mown hay lulled the senses, the waving wheat opened its arms to the new harvest. The intoxicating scent of pine resin in the deep forest calmed the soul.

Your gaze rested on the geometrical strips of fields running up to the horizon, with row upon row of sheaves, like little statues. The village nestling among the hills, with the church tower in the middle and backyards on its outskirts, added to the impression of a well-ordered world.

The storms that ruined the harvest passed, the smiling sun tried to make up for the harm they caused. The warm smoke from the hearth brought the day to a close.

My stay in the village deepened my moral and national feelings and my human awareness.

I saw what I had never known before: quite beyond my expectation, the village was for me something new, even exotic. The reality went far beyond what I had heard about it, or had learned from folk tales. What I found was simply real and natural to those who lived there, but to me

Odkiaľsi zo zakliatia sa vracajú divoké tváre na drevených úľoch a roztodivné fašiangové masky, z ktorých vanie mýtický ohlas pradávnych strašidiel a okúzľuje bohatá ľudová fantázia.

Zmysly zachytia zvuk bystrej vody v horskom potôčiku, zvuk mosadzných zvoncov približujúcich sa ovečiek.

Starý mlyn klopoce aj zdiaľky, motory automobilov ešte veľmi nepočuť.

Kyprá zem vonia koreňmi lanskej úrody, pokosené seno omamuje zmysly, vlniace obilie otvára náruč novej úrode. Opájajúca vôňa živice hlbokého lesa upokojuje dušu.

Geometrické pásy políčok s vrchmi na horizonte, so snopami ako malými soškami v radoch za sebou, dajú odpočinúť zraku. Dedina vtesnaná medzi hory, s vežičkou kostola uprostred, s humnami na pokraji prispieva k dojmu o tektonike sveta.

Odišli búrky, ktoré zničili úrodu, vysmiate slnko chce napraviť, čo zlé sa stalo. Teplý dym kozuba deň uzatvára.

Pobyt na dedine prehĺbil moje mravné i národné cítenie a ľudské uvedomenie sa. Videl som to, čo som dovtedy nepoznal: dedinu pre mňa nad očakávanie celkom neznámu, ba exotickú. Skutočnosť prekonávala vyprávanie o nej i ľudové rozprávky. To, čo tu žilo vo svojej plnej realite a samozrejmosti, malo dimenziu iného sveta, sveta, o ktorom som myslel, že už vlastne ani neexistuje.

Navonok to bol svet jednoduchý a prostý. No vo svojom vnútri nesmierne obsažný. Spájal do jednoty prírodu i človeka, ťarchu všednosti vyvažoval krásou a sviatkom, smútok striedala zo srdca prýštiaca radosť.

Bola to integrita prírody a človeka, polí, lesov a oblohy. Z dreva, farieb a plátna utkaná krása. Dávala na každom kroku kúzelné svedectvo o hodnotách života jednoduchého a prostého.

Vnímal som všetko to, čo ma obkolesovalo, a nové zážitky a dojmy formovali moje vnútro a môj estetický cit. Díval som sa na obraz sveta nezabudnuteľného, hodného si ho sprítomňovať neustále, i teraz po mnohých rokoch.

Naučil som sa načúvať, aby som počul myšlienky svoje i ostatných. V hlbinách duše nájsť seba samého.

Fujavice, praštiaci mráz, vržďanie snehu, koňmi ťahané prevrhnuté sane, veselé fašiangy, vôňa klobás zo zabíjačky, skuvíňanie meluzíny v komíne, jasličky it was a different world, a world I had thought could no longer exist.

On the outside, this world was simple and unsophisticated. But within it was all-embracing. It united nature and man, it balanced the burden of ordinary everyday life with beauty and festive occasions, and sorrow alternated with heart-felt joy. I took in everything I saw around me and these new experiences and impressions formed my inner life and my aesthetic feeling. I gazed at the picture of an unforgettable world, always worth remembering, even now, so many years later.

I learned to listen, so as to hear my own thoughts and the thoughts of others. To discover myself in the depths of my soul.

The snowstorms, bitter frosts, the crunching of snow, horse-drawn sledges, Shrovetide merrymaking, the inviting smell of freshly-made sausages, the wailing of the wind in the chimney, the nativity scenes carved from wood in the church, the uplifting Mass, the elderly women sitting outside their cottages, the painting of the houses and the Easter eggs, the smell of tilled soil and dried hay, the clang of the scythe and the haste of the farmers trying to get the harvest safely onto the carts before the storm broke, the festive conclusion to the harvest, the whinnying of horses, the toil of the potato crop, the old men with pipes in their mouths, the sorrow over the graves and the temple of Nature.

A living picture, and look, you too can see it in these photographs.

Now all this seems to lie somewhere between reality and enigma.

Slovakia is neither a legend, nor a myth, but a country about which I wished to say something in words and in pictures. We cannot sing songs of praise and glory, we have years of oblivion behind us. Olympus was not our home, we had neither a Homer nor a Dante, but even so, there live among us people worthy of our attention.

The echoes of the past can be heard even nowadays. The message of the land and its people speaks of work and of hope. Of human courage and honor.

I only hope the light that shone when I made these photographs may leave traces for the future. May the beauty of the past be a light for our future.

v kostole s vyrezávanými postavami, omša a pozdvihovanie, babky na preddomí, maľovanie domov a veľkonočných kraslíc, vôňa kyprej pôdy a sušeného sena, cveng kosy a chvat sedliakov usilujúcich sa skryť úrodu na vozoch pred búrkou, slávnostné ukončenie žatvy, erdžanie koní, ťažká práca pri zemiakoch, starčekovia s fajkou v ústach, smútok nad hrobom a svätý dom prírody.

Obraz živý, a hľa, vidno ho na fotografii.

Dnes je to všetko ako na pomedzí skutočnosti a tajomstva.

Slovensko nie je legenda ani mýtus, ale krajina, o ktorej som chcel niečo povedať slovom i obrazom. Nemôžeme spievať žalmy a ódy, roky straty pamäti máme za sebou. Nestáli sme na Olympe, nemali sme Homéra ani Danteho, ale predsa žijú medzi nami ľudia hodní pozornosti.

Ozvena minulosti zasahuje až do dnešných dní. Odkaz zeme a ľudu vypovedá o práci a pokore. O statočnosti človeka.

Kiež svetlo, ktoré svietilo, keď som robil tieto fotografie, zanechá stopu pre budúcnosť. Nech je krása minulosti svetlom pre našu budúcnosť.

On you wondrous land, my sweetest mother,
where our small old houses touch each other
live the warmest of nests, my wondrous mother.

Ó zem ty krásna, sladká mati moja,
kde naše malé, rodné chaty stoja
sťa hniezda teplé, krásna mati moja.

Andrej Žarnov

Igor Grossmann was born in 1924 in Žilina, Slovakia. His original profession was that of pharmacist. As a photographer he concentrated from 1950 on ethnographic photography, depicting all aspects of the life of people in the countryside. From 1966 he worked as a professional photographer for the advertising and manufacturing industries and in the field of photojournalism. He has produced several cycles of photographs: *First-Graders* (1964), *Wood* (1964) and from his journeys to Paris, Romania and Armenia. Much of his work has been in the field of portrait photography (musicians, writers, artists).

He completed a poetic, artistic publication *Metamorphoses of Glass*, in which he presents in an imaginative way the possibilities of the poetic transformation of glass as a real substance taking the form of abstract shapes. Further, he is the author of many books on culture, ethnography and industry.

Grossmann has had exhibitions devoted to his works at home and abroad. His photographs appear in a number of museum collections.

The book *Images Gone With Time* is a selection of the author's photographs from 1950-1965 depicting the reality and the poetry of the Slovak village in the past in the form of artistic reportage.

Igor Grossmann lives in Bratislava, the capital of the Slovak Republic.

Milan Rúfus was born in 1928 in Závažná Poruba in Slovakia. He is a university professor of literature in Bratislava and one of the most outstanding figures in the field of Slovak poetry and essay writing.

His poetry is rich in unusual metaphors. He analyses a whole range of problems of contemporary life in connection with the past. His message is a humanist one and, taking Christian spirituality as his starting point, he touches the central nerve of contemporary man and his existence. The dramatic nature of his expression contributes to the urgency of his words. Rúfus searches for and finds solutions and that is why his verses promise to be of lasting validity. Talking to himself, he addresses everyone.

Rúfus is the author of several dozens of books, intended for adults, but in his books he also has something to say to children.

Milan Rúfus lives in Bratislava, the capital of the Slovak Republic. He has been nominated for a Nobel Prize.

Igor Grossmann narodený 1924 v Žiline na Slovensku, pôvodným povolaním lekárnik. Ako fotograf sa zaoberal od r. 1950 etnografickou fotografiou a zobrazoval život ľudí na vidieku vo všetkých jeho podobách. Od r. 1966 sa venoval profesionálne fotografii reklamnej, priemyselnej a reportážnej. Vytvoril cykly fotografií „O prváčikoch" (1964), „O dreve" (1964), z ciest do Paríža, Rumunska a Arménska. Hodne pracoval v oblasti portrétnej fotografie (hudobníci, spisovatelia, výtvarníci).

Vydal poeticko-výtvarnú publikáciu „Metamorfózy skla", v ktorej imaginatívnym pohľadom predstavuje možnosti poetických premien skla ako reálnej hmoty dostávajúcej podobu abstraktných tvarov. Ďalej je autorom mnohých kníh s tematikou kultúry, etnografie a priemyslu.

Samostatne vystavoval doma i v cudzine. Jeho fotografie sú vo viacerých muzeálnych zbierkach.

Kniha „Obrazy odviate časom" je výberom z fotografií autora z r. 1950-1965 zobrazujúcich realitu i poéziu slovenskej dediny minulých čias vo výtvarno-reportážnom podaní.

Igor Grossmann žije v Bratislave, hlavnom meste Slovenskej republiky.

Milan Rúfus narodený 1928 v Závažnej Porube na Slovensku, profesor literatúry na univerzite v Bratislave, jedna z najvýznamneších osobností slovenskej poézie a esejistiky.

Jeho poézia je bohatá na nevšedné metafory. Rozoberá celú šírku problémov dnešného života v jeho spätosti s minulosťou. Má humanistické poslanie a vychádzajúc z kresťanskej spirituality dotýka sa ústredných nervov súčasného človeka a jeho existencie. Dramatizmus vyjadrovania prispieva k naliehavosti výpovede. Rúfus hľadá a nachádza východiská a preto majú osudy jeho veršov perspektívu nepretržitej platnosti. Rozprávajúc sa so sebou samým, oslovuje všetkých.

Rúfus je autorom niekoľkých desiatok kníh, určených dospelým, ale oslovuje vo svojich knihách aj deti.

Milan Rúfus býva v Bratislave, hlavnom meste Slovenskej republiky. Je navrhnutý na Nobelovu cenu.

Index of photographs

1. A hayloft with a ladder, winter, Nižná Boca at the foot of the Low Tatras, 1965
2. A cross above the village, Liptovské Sliače, 1964
3. Fields in summer near Rajec, 1956
4. A musician with a double bass — Shrovetide folk carnival, Likavka, Liptov, 1965
5. Liptovská Lúžna, winter, 1964
6. Returning from the field with the cows, Rajecká Lesná, 1956
7. Summer landscape at harvest time, Rajecká Lesná, 1956 (SNM Martin).
8. A view into the Kysuce Valley, 1965
9. My attention was drawn to a woman in black walking down the middle of a snow-covered street and I followed her until I had taken a picture of her. When enlarging it, I suppressed the shading of the houses on both sides, in order to bring out the figure of the old woman departing into the distance, as if to meet her fate,Winter, Rajec, 1955
10. The door to the granary, Ďuričiná near Rajec, 1956 (SNM Martin).
11. A woman in the window of a painted house, Čičmany, 1964
12. A woman tying up sheaves with straw binder during the harvest, Ďurčiná near Rajec, 1957
13. One of my first photographs. When on a trip to a hilly area near Terchová, I could not resist photographing this romantic landscape with its hillsides and fields. Nowadays this is one of the most popular tourist centres, Terchová, 1950
14. Fences in winter, Fačkov, Rajec Valley, 1956
15. On the horizon there were two farm labourers, who had come to spread manure in the fields. I caught the whole situation through my camera from below. The snow helped the graphic presentation, Rajec, 1958
16. A hayloft with a shingle roof, Huty, Orava, 1963
17. A girl on the way home with the shopping, Kysuce, 1964
18. When a girl appeared on her way to school, her presence added a new dimension to the street with its old wooden houses and new buildings, Zuberec, Orava, 1963
19. An old woman hanging out the wash, Zázrivá, 1965
20. The smile did not disappear from this woman's face even though she was almost hidden under a heavy burden of dried hay, which she had to carry in a sheet on her back, near Rajecká Lesná, 1957, Považské múzeum Žilina
21. I had with me a camera with a very long point of focus and on the horizon I saw a woman carrying dried hay from a mountain meadow in a sheet on her back, near Rajecká Lesná, 1957
22. The beauty of folk architecture, Zuberec, Orava, 1963
23. Following a path, I reached the top of a hill and a beautiful view appeared of fields, forests and mountains in the light of the setting sun, Liptovská Lúžna, 1964
24. From a little knoll I gazed over the diagonally arranged fields, the harvest near Rajec, 1957

Index fotografií

1. Senník s rebríkom, zima, Nižná Boca pod Nízkymi Tatrami, 1965
2. Kríž povyše dediny, zima, Liptovské Sliače, 1964
3. Polia v lete pri Rajci, 1956
4. Fašiangy, muzikant s basou, Likavka, Liptov, 1965
5. Liptovská Lúžna, zima, 1964
6. Návrat z poľa s kravami, Rajecká Lesná, 1956
7. Letná krajina za žatvy, Rajecká Lesná, 1956, SNM Martin
8. Pohľad do Kysuckej doliny, 1965
9. Upútala ma ulicou kráčajúca žena v čiernom odeve a išiel som za ňou, kým som neurobil záber z pohľadu, ako išla v strede zimnej ulice. Domy na oboch stranách ulice som pri vyhotovení zväčšeniny tónove potlačil s úmyslom, aby vynikla postava starej ženy odchádzajúcej do diaľky, akoby za svojím osudom, zima, Rajec, 1955
10. Brána do sýpky, Ďurčiná pri Rajci, 1956, SNM Martin
11. Žena v okne, maľovaný dom v Čičmanoch, 1964
12. Žena viažúca povrieslo na snopy za žatvy, Ďurčiná pri Rajci, 19576
13. Jedna z mojich prvých fotografií. Vybral som sa na výlet do hornatej oblasti pri Terchovej a neodolal som, aby som nenafotografoval romantickú krajinu so svahmi a políčkami. Dnes sa tu nachádza jedno z najvýznamnejších centier turistického ruchu, Terchová, 1950
14. Ploty v zime, Fačkov, Rajecká dolina, 1956
15. Na obzore boli dvaja hnojári, ktorí vyšli do polí. Pohľadom kamery nadol som zachytil celú situáciu. Sneh napomohol grafickému podaniu, Rajec, 1958
16. Senník so šindľovou strechou, Huty, Orava, 1963
17. Dievčatko s nákupom cestou domov, Kysuce, 1964
18. Až keď sa objavilo dievčatko idúce do školy, dodalo svojou prítomnosťou novú dimenziu ulici so starými drevenicami a novostavbami, Zuberec, Orava, 1963
19. Stará žena vešajúca vypraté šaty, Zázrivá, 1965
20. Žena zavalená usušeným senom, ktoré má v plachte na chrbte odniesť, nestratila ani pri tejto ťažkej práci úsmev na tvári. Rajecká Lesná, 1957, Považské múzeum Žilina
21. Mal som pri sebe aparát s veľmi dlhým ohniskom a na obzore som videl ženu, ako odnáša z horskej lúky na chrbte usušené seno v plachte, pri Rajeckej Lesnej, 1957
22. Ľudová architektúra, Zuberec, Orava, 1963
23. Keď som vyšiel po chodníku na vŕšok, objavil sa predo mnou nádherný pohľad na polia, lesy a hory pred západom slnka, Liptovská Lúžna, 1964
24. Z malého návršia som sa pozeral na diagonálne usporiadanie políčok, žatva pri Rajci, 1957

25. A wooden bracket on a folk cottage, Poniky, region Banská Bystrica 1965
26. An early morning view from the ridge of the Low Tatras, not far from Liptovská Lúžna, 1956
27. Ploughing, Rajec Valley, 1956
28. Mount Kriváň, a view from Podbanské in the High Tatras, 1964
29. One of my first shots — a romanticizing view of houses below a forest. Nowadays this is a busy tourist centre, Vrátna Valley near Terchová, 1950
30. A cross in a field, Ďurčiná near Rajec, 1956
31. An elderly woman going to a funeral, Čičmany, 1956
32. A woman from Poniky, region Banská Bystrica, 1965
33. At the funeral, Čičmany, 1954
34. A woman doing her wash in a stream, winter, Rajecká Lesná, 1957
35. I was enchanted by the sight of the snowbound village. I waited until it was full of the bustle of everyday life, Liptovské Revúce, 1965
36. It was a thrilling sight when, against the beautifully composed background of the village scenery, a little girl came running through the deep snow. For the sake of graphic effect, I had a contrastive double negative made in the studio, Rajecká Lesná, 1955
37. Two men in Shrovetide fancy costumes, Batizovce at the foot of the High Tatras, 1965
38. An old man between two houses, Likavka, Liptov, 1965
39. A funeral in winter, Fačkov, Rajec Valley, 1956
40. A black landscape. Harvest time. I emphasized the dramatic clouds by exposing them to light in the darkroom. On the enlargement I made the hillside darker in a similar way, intentionally stressing the dramatic effect of the photograph.
41. At the edge of the forest, near Banská Štiavnica, 1957
42. A woman carrying a child on her back, Ďurčiná near Rajec, 1957 (SNM Martin).
43. A gable on a wooden house, Zázrivá, 1965
44. A woman raking hay pauses in her work, Liptovské Revúce, 1965
45. A girl singing while playing in the meadow, Rajec Valley, 1956
46. An old man with a pipe in front of a fence, Rajecká Lesná, 1958
47. Childern's games, Fačkov, Rajec Valley, 1956
48. A woman in national costume walking past a painted house, winter, Čičmany, 1965
49. Whitewash decorations on a house, Čičmany, 1964
50. A blue and white print, Rajec, 1958
51. Two women talking together, Liptovské Revúce, 1957
52. A portrait of an old man, Liptovská Lúžna, 1964
53. An elderly woman in a felt coat in front of a fence, early evening, Rajecká Lesná, 1958
54. A woman at a loom. I developed the centre of the picture in normal light, but overexposed the whole of the edge of the picture in order to produce an interesting effect, Ďurčiná near Rajec, 1956 (SNM Martin).
55. An old woman at a vertical loom, Čičmany, 1955
56. A Baroque monument in honour of the saints, Dlhá nad Oravou, 1964

25. Drevená konzola na ľudovej stavbe, Poniky, región Banská Bystrica 1965
26. Pohľad na hrebeň Nízkych Tatier za rána, neďaleko Liptovskej Lúžnej, 1956
27. Oráč, jar pod Lietavským hradom, Rajecká dolina, 1956
28. Kriváň, pohľad od Podbanského, oblasť Vysokých Tatier, 1964
29. Jedna z mojich prvých snímok — romantizujúci pohľad na domčeky pod lesom. Dnes je tu rušné turistické centrum. Vrátna dolina pri Terchovej, 1950
30. Kríž v poli, Ďurčiná pri Rajci, 1956
31. Starena cestou na pohreb, Čičmany, 1956
32. Žena z Poník, región Banská Bystrica, 1965
33. Na pohrebe, Čičmany, 1954
34. Žena perie na potoku, zima, Rajecká Lesná, 1957
35. Uchvátil ma zážitok snehom zavalenej dediny. Počkal som, kým dedina neožila ruchom a životom, Liptovské Revúce, 1955
36. Bol to veľký zážitok, keď v krásne komponovanej dedinskej scenérii sa objavilo dievčatko bežiace v hlbokom snehu. Kvôli grafickému účinku som dal vyhotoviť v štúdiu kontrastný double negatív, zima, Rajecká Lesná, 1955
37. Dvaja muži ako fašiangové masky, Batizovce pod Vysokými Tatrami, 1965
38. Starec pozerá medzi domami, Likavka, Liptov, 1965
39. Pohreb v zime, Fačkov, Rajecká dolina, 1956
40. Čierna krajina. Čas žatvy. Dramatické mraky som zdôraznil prisvietením v tmavej komore. Na zväčšenie som tak isto prisvietil tmavý svah kvôli zamýšľanému dramatickému účinku fotografie, Rajecká dolina, 1956
41. Na okraji lesa, okolie Banskej Štiavnice, 1957
42. Žena s dieťaťom na chrbte, Ďurčiná pri Rajci, 1957, SNM Martin
43. Štít dreveného domu, Zázrivá, 1965
44. Hrabáčka sena pri krátkej prestávke v práci, Liptovské Revúce, 1965
45. Spievajúce dievčatko pri hre na lúke, Fačkov, Rajecká dolina, 1956
46. Starec s fajkou pred domom, Rajecká Lesná, 1958
47. Detské hry, Fačkov, Rajecká dolina, 1956
48. Žena v kroji kráča pred maľovaným domom, zima, Čičmany, 1965
49. Vápnom maľovaný ornament na dome, Čičmany, 1964
50. Vzor modrotlačovej tkaniny z Rajca, 1958
51. Dve ženy v rozhovore, Liptovské Revúce, 1957
52. Portrét starca, Liptovská Lúžna, 1964
53. Starena v halene pred plotom, podvečer, Rajecká Lesná, 1958
54. Žena pri krosnách. Stred obrazu som osvetlil v tmavej komore normálne, celý obvod snímky som v kruhu prisvietil kvôli sugestívnosti účinku, Ďurčiná pri Rajci, 1956, SNM Martin
55. Stará žena pri zvislých krosnách, Čičmany, 1955
56. Baroková stavebná pamiatka na uctenie svätých pred rozostavaným domovom, Dlhá nad Oravou, 1964

57. While walking through the village I found a traditional cottage with a statue of the Virgin Mary behind glass in the facade. At that moment a curious woman came out of the door in interesting illumination, in the play of light and shadown, Rajecká Lesná, 1956

58. Transporting timber. Once cut down, the trunks of the trees were pulled downhill by horses, across the snow.

59. Winter fields near Ďurčiná, Rajec Valley, 1957 (SNM Martin).

60. Transporting wood across the snow, Šuja near Rajec, 1956

61. A manure spreader on the way to the field, Suchá Hora, Orava, 1964

62. Lumberjacks used to carry sawn logs on little sledges down the steep forest paths, near Makov, Winter, Kysuce, 1964

63. A driver with horses transporting wood near Makov, Kysuce, 1964

64. Laborious ploughing, spring, Rajecká Lesná, 1956 (SNM Martin).

65. A mother carrying a child on her back in the early morning, Liptovská Lúžna, 1957

66. A woman with a hay fork in front of a wooden cottage, Huty, Orava, 1964

67. Portrait of an old man, Rajecká Lesná, 1958

68. A farmer carries dried hay down a steep slope on a sledge, against the background of this romantic landscape, Rajecká Lesná, 1956, (SNM Martin).

69. Pulling the log sledge while haymaking on the hillside, Rajecká Lesná, 1956

70. Bleaching the linen on the grass in the sun by sprinkling it with water, Liptovská Lúžna, 1956

71. Mowing the hay, Liptovská Lúžna, 1964

72. Harvest near Ďurčiná, Rajec Valley, 1957 (SNM Martin).

73. Although she herself is sleepy, a little girl keeps an eye on her little brother, who is sleeping in a field cradle made from a piece of cloth, Rajecká Lesná, 1955

74. A girl grazing the cows under Mount Reváň, Rajec Valley, 1956

75. A woman resting with a bunch of picked caraway, Huty, Orava, 1964

76. Small fields in the valley of Vranín near Rajecká Lesná, 1956

77. Harvest near Šuja, Rajec valley, 1957

78. A woman harvesting potatos in the hills near Veľká Bytča, 1963

79. Potato harvesting, autumn Šuňava, at the foot of the high Tatras, 1958

80. An old woman with a little bundle on back in the stubble fields near Rajec, 1957

81. Ploughing the last furrow, autumn, near Rajecká Lesná, 1956

82. A manure spreader on the way to the fields, winter, Fačkov, Rajec Valley, 1956

83. A house covered with snow, Vychylovka, Kysuce, 1965

84. Drinking a merry toast after work well done. The killing of the pig marks the coming of the joyful winter period, Ždiar, 1956

85. The first violinist with other musicians, Shorovetide carnival, Fačkov, Rajec Valley, 1964

86. A musing fancy costume, Shrovetide carnival, Ďurčiná near Rajec, 1964

87. I photographed this original fancy costume, typical for the customs associated with St.Lucia's day, in artificial light with a Nitraphot bulb on a tripod, winter, Ďurčiná pri Rajci, 1956

57. Pri prechádzke dedinou som objavil ľudovú stavbu so zasklennou Pannou Máriou na priečelí v zaujímavom osvetlení, s hrou svetla a tieňa. Vtom zvedavá žena vyšla popred dvere, Rajecká Lesná, 1956

58. Zvoz dreva. Zoťaté kmene stromov ťahali kone po snehu dolu svahom, pri Makove, Kysuce, 1964

59. Zimné polia pri Ďurčinej, Rajecká dolina, 1957, SNM Martin

60. Vlečenie dreva po snehu saňami, Šuja pri Rajci, 1956

61. Hnojár cestou na pole, Suchá Hora, Orava, 1964

62. Drevári zvážali siahovicu na malých saniach dolu prudko sa zvažujúcimi cestičkami v lese pri Makove, zima, Kysuce, 1964

63. Pohonič s koňmi pri zvážaní dreva pri Makove, Kysuce, 1964

64. Namáhavé oranie, jar, Rajecká Lesná, 1956, SNM Martin

65. Matka nesie za rána dieťa na chrbte, Liptovská Lúžna, 1957

66. Žena s vidlami pred drevenicou, Huty, Orava, 1964

67. Portrét muža, Rajecká Lesná, 1958

68. V romantickej krajine, na prudkom lúčnom svahu zváža gazda usušené seno na „zvlači", Rajecká Lesná, 1956, SNM Martin

69. Vyťahovanie „zvlače" hore svahom pri práci na senách, Rajecká Lesná, 1956

70. Bielenie plátna na tráve na slnku polievaním vodou, Liptovská Lúžna, 1956

71. Kosenie trávy, Liptovská Lúžna, 1964

72. Žatva pri Ďurčinej, Rajecká dolina, 1957, SNM Martin

73. Dievčatko, hoci samo ospanlivé, stráži svojho bratčeka, ktorý spinká v plátenej poľnej kolíske, Rajecká Leská, 1955

74. Dievčatko pasie kravy pod Reváňom, Rajecká dolina, 1956

75. Odpočívajúca žena so zväzkom nazbieraných stopiek rasce, Huty, Orava, 1964

76. Malé políčka v úvale Vranín pri Rajeckej Lesnej, 1956

77. Žatva pri Šuji, Rajecká dolina, 1957

78. Kopáčka zemiakov v horách pri Veľkej Bytči, 1963

79. Zber zeniakov, jeseň, Šuňava pod Vysokými Tatrami, 1958

80. Stará žena na strnisku s batôžkom na chrbte, pri Rajci, 1957

81. Oranie — posledná brázda, jeseň, pri Rajeckej Lesnej, 1956

82. Hnojár cestou na pole, zima, Fačkov, Rajecká dolina, 1956

83. Zasnežený dom, Vychylovka, Kysuce, 1965

84. Veselý prípitok „na zdravie" po dobre vykonanej práci. Zabíjačka prasaťa predznamenáva radostné zimné obdobie, Ždiar, 1956

85. Primáš s muzikantmi, fašiangy, Fačkov, Rajecká dolina, 1964

86. Veselé masky, fašiangy, Ďurčiná pri Rajci, 1964

87. Originálnu masku, typickú pre zvyky na sv. Luciu som fotografoval pri umelom svetle nitraphotkou zo statívu, zima, Ďurčiná pri Rajci, 1956

88. I took these carol singers, boys dressed up as the Three Kings, using a flash, winter, Ďurčiná near Rajec, 1956

89. Going carol-singing at Epiphany — a folk custom, Ďurčiná near Rajec, 1956

90. A young man with a wooden "sabre" with the bacon he has earned — at the Shrovetide carnival, Fačkov, Rajec Valley, 1955

91. A folk carnival mask, Likavka, Liptov, 1965

92. A Shrovetide procession, Fačkov, Rajec Valley, 1955

93. A Shrovetide carnival with a man in fancy costume, Fačkov, Rajec Valley, 1957

94. Shrovetide revels with a masked figure with a bull's head, Terchová, 1965

95. A man in a basket dressed up smartly carries before him a stuffed figure of a woman in national costume. When the man bows, the stuffed figure sways in all directions. The Shrovetide festivities are reaching their height, Liptovské Sliače, 1964

96. A typical Kysuce landscape with narrow little fields, which in the autumn produce only a few more potatoes than are planted in the spring, near Krásno nad Kysucou, 1964

97. Sheaves after the harvest, Rajecká Lesná, 1957

98. A little village street, winter, Liptovské Revúce, 1964

99. A little girl at a window, stores of wood piled up around the house, Liptovská Lúžna, 1965

100. I stressed the abstract appearance of the gables of these three houses by hard gradation in the darkroom, Nižná Boca at the foot of the Low Tatras, 1956

101. Snow-covered houses, Liptovská Sielnica, 1964

102. Women on their way to work, Liptovské Revúce, 1957

103. An old man smoking on the balcony, Špania Dolina, 1964

104. A woman on her way to the church, Čičmany, 1954

105. A herdsman with a whip, winter Liptovská Sielnica, 1964

106. An old woman lights a candle on a grave on All Saints' Day, Čičmany, 1954 (SNM Martin).

107. On the horizon I caught sight of a little woman returning from the fields at dusk. When I enlarged the picture, I emphasized the spatial planes of the picture, in order to bring out the light falling on the figure, Liptovská Lúžna, 1964

108. A crucifix on a wall, Špania Dolina, 1965

109. Mourning women and children with burning candles at the cemetery on All Saints' Day, Fačkov, Rajec Valley, 1956

110. A little girl holding onto her mother's skirt, Rajec Valley, 1956

111. An old woman in a woolen shawl holding keys in her hand, Liptovské Sliače, 1964

112. A wedding procession in Vychylovka, winter, Kysuce, 1965

113. A woman on her way to town, carrying a child wrapped up warmly, Kysuce, 1964

114. Husband and wife relaxing after work, Špania Dolina, 1965

115. Portrait of an old man, Kysuce, 1964

116. Two women in a hurry, winter, Rajec, 1957

117. A cross in the middle of the village, winter, Liptovské Sliače, 1964

118. A woman doing her wash in a frozen stream, winter, Rajec, 1957

88. Koledníkov, chlapcov zamaskovaných za troch kráľov som fotografoval elektronickým bleskom, zima, Ďurčiná pri Rajci, 1956

89. Koledníci, ľudový zvyk — chodenie po domoch so spevmi na sviatok Troch kráľov, Ďučiná pri Rajci, 1955

90. Mládenec s drevenou „šabľou" so slaninkou ako výslužkou, fašiangy, Fačkov, Rajecká dolina, 1955

91. Fašiangová maska, Likavka, Liptov, 1965

92. Fašiangový sprievod vo Fačkove, Rajecká dolina, 1955

93. Fašiangy, sprievod s maskovaným mužom, Fačkov, Rajecká dolina, 1957

94. Fašiangová veselica s maskovanou postavou s býčou hlavou, zvanou „turoň", Terchová, 1965

95. Muž v koši a v pánskom oblečení nesie pred sebou vypchatú figurínu ženy v kroji. Keď sa muž zakloní, vypchatá figurína sa kláti na všetky strany. Fašiangy kulminujú, zima, Liptovské Sliače, 1964

96. Typická kysucká krajina s malými a úzkymi políčkami, ktoré na jeseň pri zbere vydajú o niečo málo viac zemiakov, ako sa do nich zasadí, pri Krásne nad Kysucou, 1964

97. Snopy po žatve, Rajecká Lesná, 1957

98. Dedinská ulička, zima, Liptovské Revúce, 1964

99. Dievčatko za oknom, zásoby dreva sú naukladané pred domom, Liptovská Lúžna, 1965

100. Abstraktne pôsobiace štíty troch domov som zdôraznil tvrdým spracovaním v tmavej komore, Nižná Boca pod Nízkymi Tatrami, 1965

101. Zasnežené domy, Liptovská Sielnica, 1964

102. Ženy cestou do práce, Liptovské Revúce, 1957

103. Fajčiaci starec na pavlači, Špania Dolina, 1964

104. Žena cestou do kostola, Čičmany, 1954

105. Pohonič s bičom, zima, Liptovská Sielnica, 1964

106. Stará žena zapaľuje sviečku na hrobe, sviatok Všetkých svätých, Čičmany, 1954, SNM Martin

107. Na obzore som zbadal malú postavičku ženy vracajúcej sa podvečer z poľa. Pri zväčšovaní som zdôraznil priestorové plány obrazu, aby vyniklo svetlo padajúce na postavu, Liptovská Lúžna, 1964

108. Krucifix na stene, Špania Dolina, 1965

109. Smútiace ženy a deti so zapálenými sviečkami na cintoríne na sviatok Všetkých svätých, Fačkov, Rajecká dolina, 1956

110. Dievčatko sa drží maminej sukne, Fačkov, Rajecká dolina, 1956

111. Stará žena vo vlniaku s kľúčami v ruke, Liptovské Sliače, 1964

112. Svadobný sprievod vo Vychylovke, zima, Kysuce, 1965

113. Žena s dieťaťom v perinke cestou do mesta, Kysuce, 1964

114. Manželia — pohoda po práci, Špania Dolina, 1965

115. Portrét starého muža, Kysuce, 1964

116. Dve náhliace sa ženy, zima, Rajec, 1957

117. Kríž uprostred dediny, Liptovské Sliače, 1964

118. Žena perie na zamrznutom potoku, zima, Rajec, 1957

119. A little girl shivering with cold, looking
     sweetly sincere, Winter, Fačkov, Rajec Valley, 1955
120. The windows surrounded by wood for fuel, winter,
     Liptovské Revúce, 1964
121. A boy returning home with bread, winter, Budatín
     near Žilina, 1964
122. Two old women between trees in a talk, winter, Rajec, 1957
123. On the way from school near Krásno nad Kysucou, 1965
124. An old woman is going toward the end of her life,
     winter, Rajec, 1955
125. Abstract drawing on an Easter egg, painted by Mária Klincová,
     Fačkov, Rajec Valley, 1956

Photographs signed "SNM Martin" are in the collection
of Slovak National Museum in Martin.

119. Uzimené dievčatko je nežné vo svojej úprimnosti, zima,
     Fačkov, Rajecká dolina, 1955
120. Okná obložené drevom na kúrenie, zima,
     Liptovské Revúce, 1964
121. Chlapec vracajúci sa s nákupom chleba domov, zima,
     Budatín pri Žiline, 1964
122. Dve baby medzi stromami v rozhovore, zima, Rajec, 1957
123. Chlapci cestou zo školy, pri Krásne nad Kysucou, 1965
124. Stará žena ide v ústrety koncu svojej životnej púte,
     zima, Rajec, 1955
125. Abstraktná kresba na veľkonočom vajíčku, maľovala
     Mária Klincová, Fačkov, Rajecká dolina, 1956

Fotografie s poznámkou SNM Martin sú v zbierkach
Slovenského národného múzea v Martine.

GENERAL SPONSOR OF PUBLICATION
GENERÁLNY SPONZOR PUBLIKÁCIE

DEVIN BANKA a.s.
Služby poskytované klientom

Korunový bežný účet
Jednoduché a rýchle hotovostné a bezhotovostné operácie na osobných a podnikateľských účtoch v reálnom čase v ktorejkoľvek pobočke banky, s okamžitým prístupom k informáciám o stave a pohyboch na účte.

Devízový bežný účet
Osobné a podnikateľské účty v desiatich zahraničných menách so štvrťročným pripisovaním úrokov.

Korunová vkladná knižka
Najjednoduchšia forma zhodnocovania úspor klientov s progresívnym úročením vkladu podľa jeho výšky, s možnosťou súbežnej kombinácie okamžitého a termínovane viazaného disponovania s vkladom.

Devízová vkladná knižka
Zhodnotenie úspor v ATS, DEM, USD, CHF, CZK a GBP pevnou ročnou úrokovou sadzbou a s rovnako možnou kombináciou disponovania s vkladom ako u korunovej vkladnej knižky.

Vkladná knižka s výpovednou lehotou
Výhodnejšie úročenie vkladu s obmedzením výberu dohodnutou výpovednou lehotou 3, 6 a 12 mesiacov.

Depozitná vkladná knižka
Predstavuje jednorazový vklad s viazanosťou na 6, 12 a 24 mesiacov pre fyzické osoby s garantovanými úrokmi po dobu trvania vkladu.

Termínované vklady
Špecializované bezpoplatkové transakcie na korunových a devízových bežných účtoch alebo vkladných knižkách, ktorými banka garantuje počas dohodnutej lehoty 1, 3, 6, 9, 12 alebo 24 mesiacov vyššie zúročenie celého vkladu na účte alebo jeho určitej časti.

DUAL
Od 1. 6. 1998 umožňuje DEVÍN BANKA a.s. všetkým malým a stredným podnikateľom v oblasti výroby a služieb získať výhodný podnikateľský úver od 100 000,- Sk do 1 000 000,- Sk. DUAL je dvojetapový produkt, ktorý umožňuje získať úver na základe predchádzajúceho sporenia.

Platobné karty
DEVÍN BANKA a.s. ponúka platobné karty Cirrus/Maestro, ktoré umožňujú výber v hotovosti z bankomatov označených Cirrus a bezhotovostný nákup prostredníctvom EFT POS terminálov označených Maestro. Platobná karta sa vydáva k bežnému účtu fyzickej alebo právnickej osobe.

Elektronické bankovníctvo
DEVÍN BANKA a.s. dáva k dispozícii komplexný systém elektronických služieb umožňujúcich rýchlu a efektívnu správu účtu. V rámci programu zavádzania služieb zjednodušujúcich komunikáciu medzi klientom a bankou ponúka služby elektronického bankovníctva Homebanking, GSMbanking, Telebanking, Internetbanking a Mailbanking.

Výherné vklady
DEVÍN BANKA a.s. uskutočnila pokračovanie produktu výherný vklad – Letný výherný vklad, Veľký výherný vklad a Výherný vklad 2000. Výherné vklady predstavovali uzatváranie termínovaných korunových vkladov s minimálnym vkladom 10 000,- Sk a viazanosťou 6 mesiacov bez možnosti predčasného výberu.

Komfort konto
Komfort konto je špeciálny typ bežného účtu, ktorý DEVÍN BANKA a.s. zriaďuje a vedie v slovenských korunách fyzickým osobám s pravidelnými príjmami, ktoré majú trvalý pobyt na území Slovenskej republiky. Účet má zvýhodnené úročenie o 1,5%. Každému majiteľovi účtu Komfort konto môžu byť poskytnuté až 4 platobné karty zdarma. Navyše majiteľ účtu môže dostať úver až do výšky 100 000,- Sk.

Zahraničný platobný styk
Pre svojich klientov banka sprostredkuje a zaisťuje všetky platobné inštrumenty zahraničného platobného styku. Prostredníctvom rozšírenej siete korešpondenčných bánk zabezpečuje hladké platby, dokumentárne inkaso importné a exportné, dokumentárny akreditív dovozný a vývozný, šeky a zmenky.

Zmenárenské činnosti
Bezpoplatkový nákup a predaj zahraničnej meny s výškou poplatku 1% z objemu predaných valút výhodným vlastným výmenným kurzom banky.

Prenájom bezpečnostných schránok
Sejfové služby umožňujú klientom lacnú a bezpečnú úschovu cenností v bezpečnostných schránkach banky, pri automatickom poistení uschovaných cenností do 100 000 Sk, s možnosťou dopoistenia na požadovanú výšku.

Vkladový list
Vkladový list je verejne neobchodovateľný listinný cenový papier, ktorý si môže zakúpiť fyzická i právnická osoba so splatnosťou 1 rok odo dňa jeho vydania. DEVÍN BANKA a.s. vydala I. emisiu vkladových listov v SKK. Úroková sadzba vkladového listu počas celej doby viazanosti je 18%.

Úvery
Banka poskytuje krátkodobé, strednodobé a dlhodobé úvery za výhodné úrokové sadzby. Orientuje sa na podniky strednej veľkosti s vysokou bonitou klienta a tým aj zaručenou návratnosťou poskytnutých prostriedkov.

Investičné bankovníctvo
V oblasti investičného bankovníctva banka poskytuje služby pri príprave emisie cenných papierov, nákup štátnych dlhopisov, sprostredkovanie nákupu a predaja cenných papierov, pri výkone funkcie depozitára, úschove a správe cenných papierov a poradenskej činnosti v oblasti investičného bankovníctva.

Devín Banka a.s.
Františkánske námestie 8, 831 10 Bratislava, Slovakia
Tel.: ++421 7 593 662 22
http://www.devinbanka.sk

DEVÍN BANKA a.s.

Money, success, financial power – spiritual values, culture, art.

How are these phenomena of the modern world related?

Banks have always been important patrons of art. Many works would not have come into existence without the support of a financially strong individual or organization, even though for them it is often more a question of prestige and image.

The philosophy behind DEVÍN BANKA's sponsoring activities is concerned mainly with participation in the responsibility for the spiritual development of our society.

The book which you have here is a concrete example of how we put this philosophy into practice.

Why **Images Gone with Time?**

Anyone who has visited Slovakia at least once, who has looked around its countryside and, above all, spoken to the people who live here, could give you a dozen replies to that question.

What admirable impulse made Igor Grossmann, an outstanding photographer, take his camera and, with an eye guided by experience and wisdom, capture the life of unsophisticated people in our beautiful Slovakia?

The profound outlook on life of several generations is expressed through the simple motif of everyday existence.

People in this over-technical and hurried age appreciate the clear, simple depiction of love, the sense of belonging, peace and composure.

Browse through this book, which draws on the best sources of the Slovak phenomenon, and enjoy the very special atmosphere of the black and white photographs in it.

DEVÍN BANKA wishes you many pleasant moments.

Peniaze, úspech, finančná sila – duchovno, kultúra, umenie.

V akom vzťahu sú tieto fenomény dnešného sveta?

Banky vždy patrili k významným podporovateľom umenia. Mnohé diela by nevznikli bez podpory finančne silných subjektov, aj keď často ide skôr o vec prestíže a imidžu.

DEVÍN BANKA pri svojich sponzorských aktivitách prioritne vychádza z filozofie vysokej spoluzodpovednosti za duchovný rozvoj celej spoločnosti.

Kniha, ktorú dnes držíte v rukách, je jedným z konkrétnych krokov, ako naplniť túto filozofiu činmi.

Prečo práve „Obrazy odviate časom?"

Každý, kto aspoň raz navštívil Slovensko, porozhliadol sa po jeho krajine a hlavne rozprával sa s ľuďmi tejto krajiny, vedel by dať desiatky odpovedí.

Aká obdivuhodná sila primäla majstra Igora Grossmanna vziať do rúk fotoaparát a zachytiť svojim skúseným, múdrosťou naplneným okom život prostého ľudu nášho krásneho Slovenska?

Hĺbka svetonázoru niekoľkých generácií je vyjadrená jednoduchým motívom každodenného bytia.

V človeku dnešnej pretechnizovanej a uponáhľanej doby vzbudzuje sympatie priezračne jednoduchej lásky, spolupatričnosti, pokoja a vyrovnanosti.

Zalistujte si v tejto knihe, ktorá načiera do najlepších zdrojov slovenského fenoménu, a vychutnajte si jedinečnú atmosféru čierno-bielych fotografií v nej.

DEVÍN BANKA Vám praje veľa príjemných zážitkov.

Ing. Ľubomír Kanis
generálny riaditeľ DEVÍN BANKY a.s.
Director General of DEVÍN BANKA

DEVIN BANKA a.s., Bratislava

This book was made possible by
DEVIN BANKA, a.s., Bratislava, Slovak Republic
and
ĽUDOVÁ BANKA – VOLKSBANK a.s.
and
The Slovak-American International Cultural Foundation, Inc., U.S.A.
http://www.slovakculture.org
Published by
FO ART Bratislava, Slovak Republic
and
Bolchazy-Carducci Publishers, Inc.,
1000 Brown Street, Unit 101, Wauconda, Illinois 60084, U.S.A.
http://www.bolchazy.com

Vydanie knihy bolo umožnené vďaka sponzorstvu
generálny sponzor DEVÍN BANKA a.s., Bratislava
a
ĽUDOVÁ BANKA – VOLKSBANK a.s.
a
The Slovak-American International Cultural Foundation, Inc., U.S.A.
http://www.slovakculture.org
Publikáciu vydal
FO ART Bratislava, Slovenská republika
a
Bolchazy-Carducci Publishers, Inc.,
1000 Brown Street, Unit 101, Wauconda, Illinois 60084, U.S.A.
http://www.bolchazy.com